A Prática

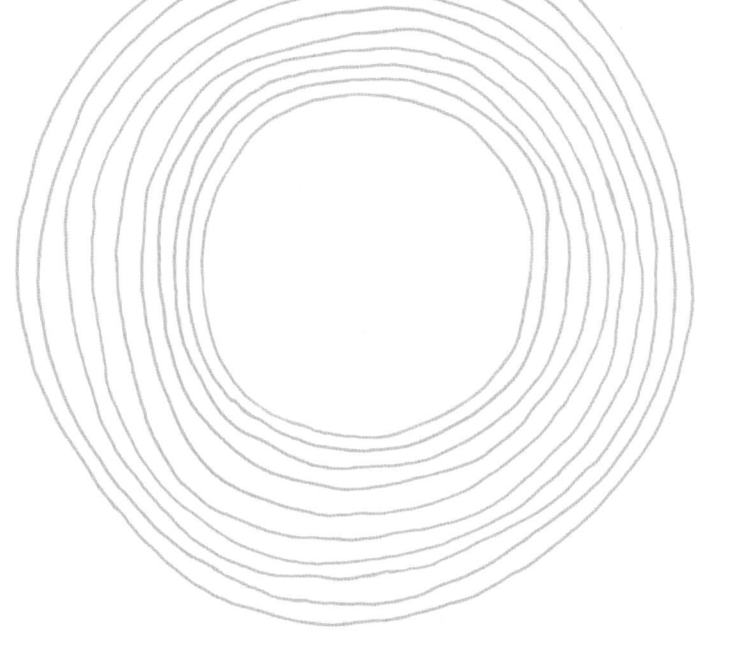

A Prática

Entregando um trabalho criativo

SETH GODIN

ALTA BOOKS
E D I T O R A
Rio de Janeiro, 2021

A Prática: Entregando um trabalho criativo
Copyright © 2021 da Starlin Alta Editora e Consultoria Eireli.
ISBN: 978-65-5520-545-9

Translated from original The practice: shipping creative work. Copyright © 2020 by Do You Zoom, Inc. ISBN 9780593328972. This translation is published and sold by permission of Portfolio / Penguin, an imprint of Penguin Random House LLC, the owner of all rights to publish and sell the same. PORTUGUESE language edition published by Starlin Alta Editora e Consultoria Eireli, Copyright © 2021 by Starlin Alta Editora e Consultoria Eireli.

Todos os direitos estão reservados e protegidos por Lei. Nenhuma parte deste livro, sem autorização prévia por escrito da editora, poderá ser reproduzida ou transmitida. A violação dos Direitos Autorais é crime estabelecido na Lei nº 9.610/98 e com punição de acordo com o artigo 184 do Código Penal.

A editora não se responsabiliza pelo conteúdo da obra, formulada exclusivamente pelo(s) autor(es).

Marcas Registradas: Todos os termos mencionados e reconhecidos como Marca Registrada e/ou Comercial são de responsabilidade de seus proprietários. A editora informa não estar associada a nenhum produto e/ou fornecedor apresentado no livro.

Impresso no Brasil — 1ª Edição, 2021 — Edição revisada conforme o Acordo Ortográfico da Língua Portuguesa de 2009.

Erratas e arquivos de apoio: No site da editora relatamos, com a devida correção, qualquer erro encontrado em nossos livros, bem como disponibilizamos arquivos de apoio se aplicáveis à obra em questão.

Acesse o site **www.altabooks.com.br** e procure pelo título do livro desejado para ter acesso às erratas, aos arquivos de apoio e/ou a outros conteúdos aplicáveis à obra.

Suporte Técnico: A obra é comercializada na forma em que está, sem direito a suporte técnico ou orientação pessoal/exclusiva ao leitor.

A editora não se responsabiliza pela manutenção, atualização e idioma dos sites referidos pelos autores nesta obra.

Dados Internacionais de Catalogação na Publicação (CIP) de acordo com ISBD

G585p   Godin, Seth

A Prática: entregando um trabalho criativo / Seth Godin ; traduzido por Carlos Bacci. - Rio de Janeiro : Alta Books, 2021.
272 p. : il. ; 16cm x 23cm.

Tradução de: The Practice
ISBN: 978-65-5520-545-9

1. Autoajuda. 2. Criatividade. 3. Trabalho criativo. I. Bacci, Carlos. II. Título.

2021-3291   CDD 158.1
CDU 159.947

Elaborado por Vagner Rodolfo da Silva - CRB-8/9410

Rua Viúva Cláudio, 291 — Bairro Industrial do Jacaré
CEP: 20.970-031 — Rio de Janeiro (RJ)
Tels.: (21) 3278-8069 / 3278-8419
www.altabooks.com.br — altabooks@altabooks.com.br

Produção Editorial
Editora Alta Books

Gerência Comercial
Daniele Fonseca

Editor de Aquisição
José Rugeri
acquisition@altabooks.com.br

Produtores Editoriais
Illysabelle Trajano
Maria de Lourdes Borges
Thales Silva

Marketing Editorial
Livia Carvalho
Gabriela Carvalho
Thiago Brito
marketing@altabooks.com.br

Equipe de Design
Larissa Lima
Marcelli Ferreira
Paulo Gomes

Diretor Editorial
Anderson Vieira

Coordenação Financeira
Solange Souza

Produtor da Obra
Thié Alves

Equipe Ass. Editorial
Brenda Rodrigues
Caroline David
Luana Rodrigues
Mariana Portugal
Raquel Porto

Equipe Comercial
Adriana Baricelli
Daiana Costa
Fillipe Amorim
Kaique Luiz
Victor Hugo Morais
Viviane Paiva

Atuaram na edição desta obra:

Tradução
Carlos Bacci

Copidesque
Aline Vieira

Capa
Larissa Lima

Revisão Gramatical
Alessandro Thomé
Kamila Wozniak

Diagramação
Joyce Matos

Ouvidoria: ouvidoria@altabooks.com.br

Editora afiliada à:

*A magia do processo criativo
é que não há magia alguma.*

Um gênio é aquele que mais se parece com ele mesmo.
                                    THELONIOUS MONK

Mais real do que a realidade, mais verdadeiro do que a verdade.
                                    STEVEN PRESSFIELD

Confie Em Seu *Eu*

Difundindo, porque o que não se compartilha não tem valor.

Criativo, porque você não é uma roda dentada na engrenagem do sistema. Você é alguém que cria e soluciona problemas, um líder generoso, que faz as coisas serem melhores disponibilizando um novo modo de seguir em frente.

O trabalho, porque não se trata de um passatempo. Você pode não receber remuneração alguma, ao menos não de imediato, mas você o encara profissionalmente. Não é uma questão de musas, desculpas são evitadas, e o trabalho, por si só, é o motivo de estar aqui.

Perdida em meio a todo o ruído ao nosso redor está a verdade já comprovada sobre a criatividade: ela é o resultado do desejo — o desejo de encontrar uma nova verdade, de resolver um problema antigo ou de servir a outra pessoa. A criatividade é uma escolha, não algo vindo de fora.

Há uma prática, à qual todos temos acesso, que consiste em assumir um método de criação que esteja a serviço do melhor. A prática não é um meio para se chegar a uma saída, a prática *é* a saída, uma vez que ela é tudo que somos capazes de controlar.

A PRÁTICA

A prática exige comprometimento na abordagem de nosso processo. Há nela o reconhecimento de que a criatividade não é um evento, mas simplesmente é aquilo que fazemos, independentemente de nossa maior ou menor disposição. A esse propósito, a escultora Elizabeth King expressou-se primorosamente: "O processo nos resguarda da pobreza de nossas intenções."

Então, mãos à obra. Desenhe uma coruja. Torne as coisas melhores. Sem considerar se dará certo desta vez. A prática o conduzirá até onde quer ir de uma maneira melhor do que qualquer outro caminho. E à medida que você se dedicar à prática, fará jus ao seu potencial e ao apoio e à gentileza de todos os que o precederam.

1. É Possível

Este livro é para pessoas que desejam liderar, escrever ou cantar.

Para pessoas que buscam ensinar, inovar e resolver problemas interessantes.

Para pessoas cujo propósito seja se tornar um terapeuta, um pintor ou um líder.

Para pessoas como a gente.

É possível. As pessoas que estiveram por aqui antes de nós conseguiram se fazer ouvir e ser vistas, e fizeram a diferença. Ainda que cada passagem pela Terra tenha características únicas, cada uma delas obedece a um determinado padrão. E quando você o vê, sabe que é o seu.

Precisamos simplesmente reunir a coragem para ser mais criativos. As forças que nos submetem há muito tempo estão ocultas, mas somos capazes de vê-las e compreender sua natureza, e assim começar nosso trabalho.

A prática passa a existir assim que nos dispomos a assumi-la. E por meio dela as portas da mudança que você busca fazer se abrirão de par em par.

2. O Padrão e a Prática

Nossa vida segue um padrão.

Para a grande maioria, esse padrão foi estabelecido há muito tempo. Escolhemos adotar uma narrativa sobre conformidade e conveniência, a busca por status em um mundo caracterizado pela escassez.

Esse estado de coisas é uma decorrência da economia industrial. Somos incitados a consumir e obedecer. Confiamos no sistema e nas pessoas com as quais trabalhamos na medida em que estejamos dispostos a continuar trilhando o caminho que elas estabeleceram para nós. Desde cedo, somos submetidos a uma lavagem cerebral para aceitar e fazer parte dessa dinâmica.

A proposta é simples: caminhe etapa por etapa, e você conseguirá obter o resultado que lhe foi prometido pelo sistema. A jornada pode não ser fácil, mas, com esforço, está ao alcance de praticamente qualquer pessoa.

Com isso em mente, nos concentramos no resultado, pois é ele que nos certifica de que seguimos corretamente os passos. O sistema industrial que nos submeteu a uma lavagem cerebral exige que mantenhamos o foco no resultado como prova de que seguimos seus ditames.

Essa linha de ação faz sentido, desde que o resultado, confiável e previsível, realmente tenha importância e a recompensa seja uma certeza incontestável. Porém, o que acontece quando seu mundo já não é mais o mesmo?

De uma hora para outra, você não obtém o que lhe parecia assegurado. E as tarefas atribuídas a você não são tão envolventes como gostaria que fossem. O vazio da proposta é agora evidente. Você se impôs sacrifícios, dedicou-se de corpo e alma para alcançar recompensas cuja regularidade não é a prometida.

O trabalho importante, aquele que de fato queremos fazer, não vem com uma receita preparada. Ele segue um padrão diferente.

Essa prática está disponível para nós, não como uma mera receita substituta, que com certeza trará resultados, e sim como uma prática. É uma abordagem gradual e persistente que buscamos por ela mesma, e não em função do desejo de, em troca, ter algo garantido.

A receita para receitas não tem segredos: bons ingredientes, todos devidamente prontos para uso, atenção aos detalhes, calor, acabamento. É uma sequência. Mas quando algo é criado, não há uma linearidade tão definida, não se pode facilmente colocar por escrito.

Essa nova prática requer uma ação de comando, uma contribuição criativa, algo que *nem todos* podem produzir, que pode não dar certo, mas no qual vale a pena persistir. Algo a que com frequência dá-se o nome de "arte".

O sistema industrial em que todos vivemos baseia-se em resultados. Trata-se de uma produtividade assegurada em troca de um trabalho enfadonho previamente direcionado. Mas se escolhemos ir atrás de resultados, temos à disposição uma jornada diferente. Esse é o caminho a ser seguido por aqueles que buscam mudanças, por aqueles que desejam fazer melhor.

A PRÁTICA

Um caminho caracterizado pela resiliência e generosidade. E que, embora voltado para fora, não depende de validações ou aplausos.

A criatividade é incapaz de fazer um bis de si mesma; não tem como. Ainda assim, a jornada criativa segue um padrão. É uma prática de crescimento e conectividade, de serviço e ousadia. É também uma prática de abnegação e ego, contrários que se abraçam em uma dança sem fim. A prática existe para escritores e líderes, professores e pintores. Fundamentada no mundo real, ela é um processo que nos leva aonde esperamos chegar.

Nessa prática, não há um chefe, não há um comando externo. E por isso mesmo requer de nós que confiemos em nós mesmos e, o mais importante, em nossos *"eus"*.

Está no Bhagavad-Gita: "Melhor seguir seu próprio caminho, por mais imperfeito que seja, do que seguir perfeitamente o de outra pessoa." Note que as pessoas que encontraram a própria voz e causaram um verdadeiro impacto demonstraram práticas que, não obstante os diferentes caminhos percorridos, se sobrepõem de diversas maneiras.

No âmago da prática criativa está a confiança, a penosa jornada de confiar em seu *"eu"*, o frequentemente oculto eu, aquele ser humano único que habita em cada um de nós.

Identifique o padrão, encontre sua prática, e você pode começar o processo de fazer magia, sua própria magia. A magia da qual necessitamos aqui e agora.

3. Você Está à Procura de Algo?

A maioria de nós está.

Se nos importamos o bastante, nos mantemos à procura daquele sentimento, daquele impacto, daquela capacidade de fazer a diferença. E então prestamos mais atenção.

Adeptos não estão procurando. Eles estão apenas seguindo as pegadas das pessoas que vieram antes deles. Vá bem no teste, cumpra as instruções, suba o próximo degrau.

Líderes buscam tornar as coisas melhores, contribuir e encontrar um chão firme para colocar os pés. A chance de fazer a diferença, ser reconhecido e respeitado, tudo de uma vez.

Nossa cultura e o mundo em que vivemos são fruto dessa busca. Mais e mais pessoas se envolvendo e contribuindo, construindo juntas algo que vale a pena.

Vamos chamar isso de *arte*. A ação humana de produzir alguma coisa que pode não funcionar, que é generosa, que fará a diferença. A ação emocional de fazer um trabalho pessoal, autodirigido, para proporcionar uma mudança da qual podemos nos orgulhar.

Hoje em dia, as pessoas têm mais influência do que jamais tiveram no passado. Ferramentas e meios, numerosos e acessíveis, viabilizam avanços e possibilitam uma chance real de contribuir.

Sua parte é importante. Sua arte é importante.

Vale a pena lembrar a si próprio que a questão não é "eu consigo fazer arte?", pois isso você já fez.

Você já demonstrou isso ao menos uma vez, contribuiu com alguma coisa que importava. Já soltou uma tirada engraçada que fez um amigo rir, ou quem sabe lotou o Municipal.

E agora precisamos que você faça isso de novo. Mas muito mais vezes.

Eis aqui a verdadeira questão: "Eu me importo o suficiente para fazer isso de novo?"

É como John Gardner escreveu: "Sociedades e organizações somente se renovam se houver alguém que se importa."

4. Askıda Ekmek

Askıda Ekmek: tem pão no gancho. Trata-se de uma antiga tradição turca. Quando um cliente compra um pão na padaria local, tem a opção de pagar por um pão a mais; o dono da padaria entrega o do cliente e pendura o outro em um gancho na parede.

Caso uma pessoa necessitada entre na padaria, pode perguntar se tem alguma coisa pendurada no gancho, e assim, o pão é compartilhado, e sua fome é aliviada. E, talvez mais importante, cria-se, com esse costume, um senso de comunidade.

Quando você realiza um trabalho criativo, está resolvendo um problema. Não apenas para você, mas para aqueles que se depararem com o que fez.

Ao pendurar a si mesmo no gancho, você está sendo generoso. Está compartilhando percepções, amor e magia. E quanto mais esse ato de generosidade se dissemina, mais pessoas que têm a sorte de experimentar sua contribuição se beneficiam.

Arte é algo que fazemos para os outros.

5. Encontrando uma Prática

Você tem um herói que é criativo? Alguém que regularmente lidera e irmana as pessoas? Eles podem ser dançarinos, cantores ou defensores dos direitos civis. Em todos os campos de atuação, alguns indivíduos se destacam como construtores do devir, como as vozes que ressoam o que está acontecendo no momento.

Só para citar alguns deles: Patricia Barber, Zaha Hadid, Joel Spolsky, Sarah Jones, Yo-Yo Ma, Tom Peters, Frida Kahlo, Banksy, Ruth Bader Ginsburg, Bryan Stevenson, Liz Jackson, Simone Giertz, Jonas Salk, Muhammad Yunus, Rosanne Cash, Greta Thunberg, John Wooden, Amanda Coffman — vivos ou mortos, famosos ou não, há agentes da mudança em todos os cantos de nossa cultura.

Ressalvadas as exceções de praxe, as carreiras e os processos de cada uma dessas pessoas são semelhantes. Elas diferiram no que fizeram, nas circunstâncias e no tempo entre nós, mas a prática permanece.

Nós também podemos adotar uma prática.

Talvez possamos descartar as receitas poderosas para o que significa fazer nosso trabalho. Talvez, em lugar de uma série de passos a serem seguidos, muito mais produtivo seria compreender de verdade como funciona o mundo que nos cerca.

Está em nossas mãos adotar uma prática. Eis a seguir as verdades surpreendentes que se escondem atrás de nosso desejo por resultados perfeitos, aqueles que receitas poderosas prometem, mas que ficam na promessa:

- Habilidade não é o mesmo que talento.
- Um bom processo pode levar a bons resultados, mas não os garante.
- Perfeccionismo nada tem a ver com ser perfeito.
- Validação é algo fútil.
- Arrogância é o oposto de confiança.
- Atitudes são habilidades.
- Bloqueio de escritor é algo que não existe.
- Profissionais trabalham com um propósito definido.
- Criatividade é um ato de liderança.
- Líderes são impostores.
- Uma crítica não é igual a outra.
- Ao entregarmos o trabalho, nos tornamos criativos.
- Bom gosto é uma habilidade.
- Paixão é uma escolha.

Ao longo deste livro, continuaremos a colocar verdades surpreendentes como essas, verdades que confrontam o que nos ensinaram sobre trabalho produtivo em um sistema fundamentado em conformidade e receitas já preparadas. Artistas têm sido ignorados, rejeitados ou humilhados por assumirem tais verdades, e isso porque elas funcionam. Essas verdades têm o condão de subverter a estrutura de poder dominante e, ao mesmo tempo, permitem melhorar as coisas para as pessoas às quais procuramos servir.

6. Aprendendo a Ser um Malabarista

Ensinei centenas de pessoas a ser um malabarista. Aprender requer uma constatação muito simples: apanhar a bola não é o xis da questão.

Nesse aprendizado, um erro recorrente das pessoas é se mover para pegar a próxima bola. Mas acontece que esse movimento faz você ficar fora de posição para o lance subsequente, e, com isso, a coisa toda desanda.

Em vez disso, a ideia é começar com apenas uma bola. E nada de prendê-la na mão. Ao contrário: jogue a bola para o alto, apanhe-a de volta e imediatamente jogue-a para cima de novo. E de novo, e de novo, e de novo. Faça isso vinte vezes com a mão esquerda, sem deixar cair no chão.

Em seguida, repita o exercício com a mão direita.

Pratique o modo como arremessa. Fique bom nisso. Quando estiver bom o bastante, o ato de pegar e arremessar fluirá naturalmente.

As bolas caindo no chão constituem a parte mais sofrida para quem está aprendendo malabarismo. Jogar uma bola para o alto e depois ficar lá parado vendo-a cair no chão causa muito desconforto. O anseio pelo resultado está profundamente enraizado, e para alguns, esse é o momento em que desistem. Eles simplesmente não conseguem suportar um processo que, de bom grado, ignora a questão do resultado.

Para os persistentes, no entanto, o processo ganha ímpeto rapidamente. Talvez quinze minutos depois, eles tentem repetir o procedimento com duas bolas. Apenas duas bolas e dois arremessos.

E então, sem estresse: lançar, pegar/lançar, pegar. Fica fácil. Sem problemas, porque os lances são como deveriam ser, ensaiados e consistentes.

O processo nos trouxe até aqui.

A última etapa, então, é adicionar uma terceira bola.

Nem sempre funciona, mas sempre funciona melhor do que outra abordagem, qualquer que seja.

Nosso trabalho é arremessar. O resto — pegar — pode cuidar de si mesmo.

7. Como Desenhar uma Coruja

Este é um meme clássico, baseado em um antigo manual de instruções de histórias em quadrinhos.

A graça está em todos os outros passos que estão faltando. Quem não sabe desenhar duas figuras ovais e uma linha? Mas quase ninguém sabe desenhar uma coruja — eu com certeza não sei.

Isso põe em destaque nosso desejo de escapar da dor e da incerteza. O título promete instruir, tal como a vida. Porém, assim como a vida, o título mente para nós.

Para o trabalho importante, instruções são sempre insuficientes. Para o trabalho que gostaríamos de fazer, a recompensa provém do fato de que não há garantia de nada, que o caminho não está demarcado, e que não se pode ter certeza de que as coisas funcionarão a contento.

Trata-se não de apanhar, mas de arremessar. Não de terminar, mas de começar. Não de ser perfeito, mas de se aprimorar.

Ninguém aprende a andar de bicicleta lendo um manual. E ninguém aprende a desenhar uma coruja dessa maneira também.

8. É Preciso Coragem para Ser Criativo?

Damos a nós mesmos importância suficiente para nos colocarmos à frente de uma plateia, ou atrás de um teclado, e dizer: "Ei, eu fiz isto." Para alguns, esse momento de ser julgado, em que nada somos além de um impostor que age como se tivesse a sensação de pertencimento, é opressivo.

É assim que, muito frequentemente, deixamos de lado uma vida criativa, uma chance de ser generosos, uma oportunidade de resolver problemas. Ou, se procuramos fazer isso, o fazemos cheios de dedos, lidando com a criatividade como se ela fosse um frágil truque de mágica, o presente da musa. Se temos que ser criativos, o fazemos com o olhar periférico: encarar a magia diretamente é assustador.

Isso é um despropósito.

Não tem que ser desse jeito. Não temos que ficar esperando para sermos escolhidos ou sentir nossa vocação brotando dentro da gente. E certamente não temos que acreditar em magia para criar magia.

Em vez disso, podemos tomar como exemplo o processo dos criativos bem-sucedidos que nos precederam. Podemos nos lançar em uma jornada com os olhos bem abertos, confiando no processo e em nós mesmos para oferecer nossa melhor contribuição.

Essa é a nossa chance de tornar as coisas melhores.

Ser criativo é uma escolha, e a criatividade é contagiosa.

9. Isto É Arte

Não é uma questão de pintar, mas de arte: o ato de fazer algo que pode não funcionar e cuja motivação é simplesmente se tratar de uma coisa generosa de se fazer. A combinação de talento, habilidade, capacidade para construir e ponto de vista que traz uma nova luz para velhos problemas. A maneira como mudamos nossa cultura e a nós mesmos.

Pintar é algo que você faz para uma casa. Arte é o trabalho que fazemos para o qual não existe uma resposta correta; e que, ainda assim, vale o esforço. Podemos fazer arte com um teclado, um pincel ou agindo. Na maioria das vezes, fazemos isso por termos inclinação pela prática, confiando que temos uma chance de fazer a diferença.

Fazemos isso sem qualquer garantia, simplesmente com uma prática com a qual escolhemos nos comprometer.

Você é um artista? Claro que é.

Os artistas fazem com que as mudanças aconteçam. Artistas são seres humanos que fazem um trabalho generoso que pode não funcionar. Artistas não se limitam a pintar ou a museus.

Você passa a ser um artista assim que se anuncia como tal. Como um líder, treinador, colaborador, designer, músico, empresário... o que for, isso é arte, se você permitir que seja. Se você se importar o bastante.

O lendário designer e ilustrador Milton Glaser disse: "Um dos problemas com a arte é a autodenominação: qualquer um pode ser um artista simplesmente apontando para si próprio e afirmando isso. A verdade é que há muito poucos artistas. [Tornar o mundo um lugar melhor por meio da arte] é a maior conquista da especialização. É reconhecer que não se trata apenas de você, e que ter um papel na comunidade pode servir para ajudar todos a se darem bem. Eis aí algo importante para as pessoas entenderem, especialmente em uma sociedade capitalista."

Você pode escolher entre encontrar sua voz ou continuar a ignorá-la.

10. Talvez Você Seja Capaz de Fazer Alguma Arte

Damos o nome de arte àquilo que fomos capazes de criar e que muda a vida de alguém.

Sem mudança não há arte.

Quando entregamos nosso melhor trabalho (ao menos o melhor até este momento), temos a oportunidade de transformá-lo em arte. E, em seguida, temos a oportunidade de fazer isso de novo.

É uma forma de liderança, não de gestão. Um processo que não diz respeito ao resultado de agora, é um compromisso com a jornada.

Você nasceu para fazer arte. Mas sofreu uma lavagem cerebral que o fez acreditar não ter confiança suficiente em si mesmo para ser capaz disso.

Disseram que lhe falta talento para tanto (mas tudo bem, você pode aprender a ser mais hábil).

Disseram que você não tem autoridade para fazer valer sua voz (mas agora você pode ver quantas outras pessoas deram a volta por cima nisso).

E lhe disseram que se você não pode vencer, não deve nem tentar (mas agora você vê que é a jornada que interessa).

Arte é a ação generosa de tornar as coisas melhores fazendo algo que pode não funcionar.

11. Criatividade É uma Ação, Não um Sentimento

Segundo Marie Schacht, nem sempre temos muito o que fazer com relação a como nos sentimos, em particular quando se trata de algo importante. Mas sempre podemos controlar nossas ações.

Seu trabalho é muito importante para que seja deixado de lado devido a como você se sente no momento.

Por outro lado, o fato de nos comprometermos com determinada ação pode mudar a maneira como nos sentimos. Se agirmos depositando nossa confiança no processo, tocando o trabalho em frente, os sentimentos virão e se harmonizarão.

Esperar por um sentimento é um tempo ao qual não podemos nos dar ao luxo de dispor.

12. A Narrativa (e a Escolha)

Há na minha mente uma narrativa de como as coisas deveriam ser. Deve ser seu caso também. Acontece que essa narrativa tem nas mãos as rédeas de nossas ações.

Não raro, vamos a extremos ridículos para torná-la realidade. Essa história pode se referir a direitos ou talento. Pode envolver uma injustiça ou privilégio. Com frequência, porém, ela se baseia em baixas expectativas, na tentação à conformidade e na prevenção do fracasso.

A tentativa de fazer com que nossa narrativa seja verdadeira é recorrente em nós, até porque essa é a alternativa mais confortável.

"Lá vamos nós de novo" é uma saída fácil para nos acalmarmos e nos fazermos de vítimas, uma condição na qual o trabalho já não depende mais de você.

Se pusermos na cabeça que não é nossa vez, que não temos talento suficiente, faremos o que for para tornar essa narrativa verdadeira. Ficaremos na nossa e esperaremos ser escolhidos.

Isso é ser retrógrado.

Na maioria das vezes, a narrativa em que estamos submersos veio de algum lugar. Pode ter vindo da maneira como fomos criados ou pode ser o resultado de uma série de eventos. Queime a mão em um fogão e poderá se convencer de que não deve nem chegar perto de um. Cresça em um lar no qual as expectativas são baixas e é possível que você comece a acreditar nelas. A história que contamos a nós mesmos leva às ações que realizamos.

Se você quer mudar sua narrativa, mude primeiro suas ações. Quando escolhemos agir de certa maneira, nossa mente não tem opção a não ser refazer nossa narrativa de modo que aquelas ações sejam coerentes com ela.

Nós nos tornamos aquilo que fazemos.

13. Fluxo É um Sintoma

Todos nós já tivemos aquela sensação de fluxo, e todos ansiamos por repetir a experiência.

Naquele momento, as distrações desaparecem, a narrativa fica em segundo plano, e a conversa termina — é quando estamos diretamente envolvidos com o trabalho.

Ele pode vir durante uma longa caminhada pelo campo ou em uma sessão de brainstorming. Com frequência, ocorre quando estamos fazendo arte que importa.

Mas, para muitos de nós, raramente acontece.

Talvez isso aconteça porque ficamos esperando por ele. Esperando que nos escolha. Achamos ser necessário que as condições para que o fluxo ocorra têm que ser plenas, caso contrário, ele se desfaz.

Entretanto, e se pudermos criar fluxo no processo? E se for uma questão de escolha?

Alguns criadores de fluxo usam como gatilho uma folha de papel em branco. Outros se sentem assim ao teclado de um piano ou quando ingressam no palco para uma palestra.

Se nos condicionarmos a trabalhar sem fluxo, é mais provável que ele venha.

A questão toda se resume em confiar em nosso *eu* para criar a mudança que buscamos. Nada de deixar isso para quando o fluxo vier. Fazemos o trabalho, tenhamos ou não vontade, e então, de súbito, o fluxo pode acontecer.

O fluxo é um sintoma do trabalho que estamos fazendo, não a causa dele.

14. É Hora de Encontrar Sua Voz

Você pode encontrar o caminho a seguir, um caminho para fazer a diferença.

Há um método para isso, mas não passos predeterminados.

Há uma estratégia, mas as táticas realmente não importam. Há um processo, mas ele nem sempre funciona.

A prática à nossa disposição sempre funciona melhor do que qualquer outra coisa que pudéssemos tentar.

Observe o que funcionou antes. Observe os heróis criativos que puseram mãos à obra, assumiram a liderança e criaram algo relevante. Sistematicamente, o trabalho segue um padrão, muitas vezes apresentando voltas e reviravoltas contraintuitivas.

Você pode começar de onde está.

Pode ver e ser visto. Pode ouvir e ser ouvido.

E pode fazer o trabalho para o qual nasceu. Às vezes, optamos por mais, em vez de pelo melhor.

Mas melhor é melhor do que mais.

15. Encontre Sua Paixão

Em meu podcast — akimbo.link [conteúdo em inglês] — há uma pergunta corriqueira: onde encontro minha paixão? E o corolário: se não sou apaixonado por meu trabalho, o que devo fazer?

Uma vez que você decide confiar em seu *eu*, encontrará sua paixão. Você não nasceu com ela, e nem mesmo ela é única em você. Não se trata de uma norma ou paradigma, mas de uma escolha.

Nossa paixão nada mais é do que o trabalho que confiamos a nós mesmos para fazer.

Essa é uma desconstrução que vale a pena, porque a estratégia de "buscar sua vocação" lhe oferece um lugar formidável para se esconder.

Afinal, quem deseja realizar um trabalho difícil que não nos traz satisfação? Quem quer se comprometer com alguma coisa sem antes saber o que se espera da gente?

O mistério é este: nossa vocação só se materializa após termos feito o trabalho difícil. Só depois de confiarmos no processo, o trabalho se torna nossa paixão.

"Faça o que você ama" é para amadores.

"Ame o que você faz" é o mantra dos profissionais.

16. O Processo e o Resultado

Vivemos em uma cultura cujo foco é o resultado. Um encanador não é apreciado por seu esforço, mas pelo fato de a torneira parar de ficar pingando. É raro uma corporação ser avaliada pelo impacto de longo prazo de como trata seus funcionários; é avaliada por seu lucro por ação.

Um foco de curto prazo nos resultados significa que decidimos que um livro é bom se estiver na lista dos mais vendidos, que um cantor é bom porque venceu um programa de talentos na TV, e que uma criança atleta é boa com base em ter ou não ganhado um troféu.

Essa obsessão pelo resultado esconde a verdade de que os resultados são os objetivos do processo. Processos ágeis, repetidos ao longo do tempo, conduzem a bons resultados com mais frequência do que processos indolentes.

Focar tão somente os resultados nos força a fazer escolhas banais, de curto prazo ou egoístas. Isso tira nossa atenção da jornada e nos desestimula, nos fazendo querer desistir muito cedo.

Já a prática de escolher a criatividade é persistente, comprometida com um processo, não simplesmente com o próximo resultado da lista. O trabalho que fazemos tem uma razão de ser, mas se a enfatizarmos, nos concentrando apenas no resultado imediato, nossa prática desandará.

Nosso compromisso com o processo é a única alternativa para a mentalidade de loteria, aquela que espera que o universo nos contemple com uma dose de sorte.

Perdoe a repetição, mas o faço por um motivo. Uma vida inteira de lavagem cerebral nos fez acreditar que o resultado do trabalho é mensurável, que o fracasso é fatal e que devemos ter certeza de que, antes de começarmos, a receita foi previamente testada e aprovada.

E, com isso, enterramos nossos sonhos.

Permitimos que outros se instalem em nossa mente, nos lembrando de nossa desesperança de dar uma contribuição original.

Nossa prática se inicia com o imperativo de adotarmos um padrão diferente, que não dá garantias de êxito e que requer de nós encontrar um processo e confiar em nós mesmos.

É como disse Susan Kare, designer da interface original do Mac: "Não está em suas mãos a decisão de pintar uma obra-prima. Você só pode pensar muito, trabalhar arduamente e tentar pintar algo com o qual se importa. Então, se a sorte lhe sorrir, seu trabalho encontrará um público para quem ele é significativo."

Pode não ser o que queremos ouvir, mas é uma verdade.

17. O Pior Chefe do Mundo

Você pode trabalhar para o pior chefe do mundo. O chefe pode ser um perfeito idiota.

O chefe pode não lhe dar o devido reconhecimento por seu trabalho.

O chefe pode fazer um péssimo trabalho junto aos melhores clientes, e com isso manter você ocupado.

Ou pode não recompensá-lo por toda a visão, o cuidado e a paixão com que você faz seu trabalho.

Na verdade, o chefe pode incomodá-lo em casa, no meio da noite, sem um bom motivo. Acordá-lo para o deixar ainda mais preocupado com o trabalho. E, principalmente, o chefe pode ter uma expectativa equivocada sobre o que você é capaz de criar.

É bem provável que você já tenha adivinhado de quem estou falando.

O pior chefe do mundo pode muito bem ser você.

Porque o chefe mais importante a quem cada um de nós responde somos nós mesmos. Ter um chefe melhor significa ter um chefe exigente, mas que, ainda assim, nos dá uma chance quando falhamos. Precisamos de um chefe que seja diligente, paciente e perspicaz.

Precisamos de um chefe que confie na gente.

Às vezes, uso a frase "confie em seu eu", em vez de "confie em si mesmo". A quem esse "seu" se refere? Quem confia e quem é o objeto dessa confiança?

O que precisamos é de um chefe que possa confiar o suficiente em nós para olhar para a frente com confiança à medida que vamos caminhando.

Alguém que pode agir no tempo certo, antes que ocorra uma emergência. Alguém que não entra em pânico, que não busca validação externa a cada momento. E alguém que está na lide há muito tempo.

Acima de tudo, um excelente chefe, para nosso *eu*, é alguém que nos verá pelo que somos capazes de fazer.

Você nunca trabalharia para alguém que o trata do jeito que você trata seu *eu*.

É hora de começar a treinar o chefe, que é você. Hora de confiar em seu *eu*, confiar no processo, e confiar que você é, na verdade, tão capaz quanto você.

18. Você É o Suficiente

O sistema industrial opera de modo a fazê-lo se sentir impotente. A mensagem que ele transmite lhe diz que você não está entre os escolhidos, não foi dotado dos talentos certos e não é digno de ter uma voz.

No entanto, você já é o suficiente.

Você já tem influência suficiente. Já enxerga o suficiente.

Já quer tornar as coisas melhores.

Comece de onde está. Comece agora. Encontre o padrão e cuidado suficiente para fazer algo a respeito.

19. Uma Palavra sobre Decisões

Annie Duke, ex-campeã mundial de poker, nos explica que há uma enorme lacuna entre uma boa decisão e um bom resultado. Uma boa decisão baseia-se nas opções e probabilidades que conhecemos. Um bom resultado acontece ou não: é uma consequência das probabilidades, não a resposta que estava oculta.

Tal como um bom processo não garante o resultado esperado por você, uma boa decisão não tem vinculação alguma com o que acontece depois dela.

Viajar de avião pelo país é mais seguro do que de carro. Caso seu objetivo seja ir a Reno, a escolha mais segura é voar para lá, não dirigir.

E se você conhece alguém que morreu em um acidente de avião a caminho de Reno, a decisão dele de como viajar não foi ruim; o resultado, sem dúvida, foi ruim.

Decisões são boas mesmo que os resultados não o sejam.

A mesma verdade vale para o processo de criatividade generosa. O processo é inteligente, ainda que aquele trabalho em particular não repercuta positivamente, a arte não encontre compradores, ou você não esteja feliz com a reação dos críticos.

Isso porque o que buscamos e como criamos não são a mesma coisa.

Validação é algo fútil, e focar os resultados comprometendo o processo é um atalho que destruirá seu trabalho.

20. Ser Útil

E não é para isso que estamos aqui? Para fazer um trabalho do qual nos orgulhamos?

Para nos colocarmos no gancho?

Para encontrar o modo de colaborar de que somos capazes?

A única maneira de estar nesse caminho é começar a percorrê-lo.

Não há, contudo, garantia alguma. De fato, muito do que procuramos fazer não funciona. Mas nosso intuito, o de ser útil, de tornar as coisas melhores, de construir algo que importa, é parte essencial do padrão.

Porque a maioria de nós, na maior parte do tempo, age sem intuito nenhum.

21. O Trabalho e a Garantia

A prática não tem absolutamente nada a ver com a certeza de que o trabalho será bem-sucedido. Isso é um engano.

A garantia requer uniformidade industrial, receitas testadas e, o principal, mão de obra fungível do trabalhador desrespeitado. Se qualquer um pode fazer isso, então contrataremos qualquer um. Fazer o trabalho envolve simplesmente ter em mente que somos capazes de cuidar o suficiente para tornar o trabalho melhor. Trata-se de aprender, ver e melhorar.

A busca por uma garantia é interminável, infrutífera, e significa o fim da possibilidade, nunca o começo.

Naquele que talvez tenha sido o comentário mais profundo sobre essa questão de que me lembro ter ouvido, o baterista Bill Ward, integrante do Black Sabbath, disse a propósito do primeiro maior sucesso deles: "Achei que a música seria um fracasso, mas também achei que era brilhante."

22. Eu Me Sinto como um Impostor

Ao menos quando estou fazendo meu melhor trabalho.

A síndrome do impostor já existia muito antes do termo ser cunhado por Pauline Clance e Suzanne Imes, em 1978. Ela nada mais é que o zumbido inibidor em nossa cabeça nos fazendo crer que levantar a mão, pular na água e subir ao palco não tem nada a ver com a gente.

E são muitas as vezes em que me sinto um impostor.

Isso porque meu melhor trabalho envolve fazer coisas que eu nunca havia feito antes.

Pesquisas recentes estimam que 40% da mão de obra empregada tem um trabalho que requer inovação, interação humana e tomada de decisões. E cada uma dessas pessoas é exposta todos os dias à sensação de ser uma fraude.

É evidente que você não pode ter certeza de que funcionará. Como poderia? A pessoa com quem você está interagindo pode se ofender e ir embora, ou simplesmente não fala a mesma língua.

Claro que não há um manual, nem melhores práticas comprovadas ou um livro de regras estabelecido. A inovação tem por natureza agir, e fazê-lo como se você estivesse no caminho certo, como se fosse funcionar, como se tivesse o direito de estar ali. Ao longo da jornada, você pode constatar o que não dá certo e descobrir o que funciona.

23. A Síndrome do Impostor É Real

Ela é um sinal de que você está saudável e está fazendo um trabalho importante. Significa que você está confiante no processo e o faz com generosidade.

Convicção não é o mesmo que confiança no processo. Convicção é algo que sentimos quando temos controle sobre o resultado. Quando Joe Namath garantiu que lideraria os Jets até o Super Bowl [final do campeonato de futebol americano], estava compartilhando sua convicção com a mídia.

A convicção é uma característica de todo atleta profissional, mas mais da metade deles perde. Cada jogo, cada torneio, tem estreantes convictos de que não ganharão. Exigir controle sobre eventos externos é receita certa para mágoa e frustração. Pior ainda, se você precisa de uma garantia de que ganhará antes de começar, você nunca começará.

A alternativa é confiar no processo, trabalhar com generosidade e propósito e aceitar tanto os bons quanto os maus resultados.

Verdade, você é um impostor. Mas um impostor agindo a serviço da generosidade, em busca de tornar as coisas melhores.

Quando assumimos a síndrome do impostor, não trabalhamos para fazê-la desaparecer; em vez disso, escolhemos o caminho produtivo a ser seguido. A sensação de ser um impostor é a prova de que estamos inovando, liderando e criando.

24. Comece Onde Você Está

A identidade é o combustível da ação, e a ação cria hábitos, que por sua vez fazem parte de uma prática — e uma prática é a melhor maneira de chegar aonde você procura ir.

Antes de ser um "autor best-seller", você é um autor, e autores escrevem. Antes de ser um "aclamado empreendedor", você é simplesmente alguém que está construindo alguma coisa.

"Eu sou ____, mas eles apenas não percebem isso ainda" é completamente diferente de "Eu não sou ____ porque eles não me disseram que eu era".

A única escolha que temos é começar. E o único lugar para começar é onde estamos.

Simplesmente comece.

Mas comece.

Imogen Roy nos ajuda a entender que metas eficazes não se baseiam em resultados finais: elas estão comprometidas com o processo. Comprometimento é algo que está inteiramente sob nosso controle, mesmo que o resultado não esteja.

No entanto, o único modo de ter comprometimento é começar.

25. Quem Você É/O que Você Faz

Nós somos facilmente confundidos com "eu tenho".

"Eu tenho 1,80m de altura" não é uma escolha. É um dado.

Por outro lado, "Eu sou um chefe" refere-se a você (ou não).

Fomos logrados: fizeram-nos acreditar que papéis como "escritor", "líder" e "artista" são direitos de nascença, carimbados na testa, algo que somos ou não somos. Disseram-nos que aos líderes são dados talentos ou privilégios, não escolhas.

A verdade é bem mais simples. Se quiser ser um líder, lidere. E se quiser ser um escritor, escreva.

"Sou uma pessoa útil" é algo que qualquer um de nós pode escolher se tornar.

E uma vez que você começa, você é.

O desconforto e o ceticismo que você pode sentir ao se deparar com a simplicidade dessa remodelação (faça com que seja assim) é exatamente o motivo pelo qual precisamos adotar uma prática. Não é fácil, causa desconforto mesmo, deixar de lado uma vida inteira de conformidade e conveniência para trabalhar com um novo ritmo, um novo conjunto de princípios e uma nova maneira de ver o mundo. Esse desconforto é um bom sinal. Significa que você está começando a ver o padrão.

26. Você Tem Muita Coisa para Descartar?

Em sua área de atuação, Drew Dernavich está lá no alto. Ele publicou mais cartuns clássicos no *New Yorker* do que qualquer outra pessoa.

Um trabalho dos sonhos. Fique em casa de pijama, bole algo engraçado em alguns minutos, desenhe um esboço e seja pago para fazer isso.

Aparentemente, isso não só é divertido de fazer, como está reservado para alguém talentoso, um verdadeiro gênio detentor de tamanho engenho.

Por isso a internet entrou em erupção quando Drew publicou essa foto de sua mesa.

Drew não é um gênio. Ele só tem mais papel que a gente.

Quantos desenhos você precisaria descartar antes de desistir?

Ou vendo de outro modo, quantos cartuns nem tão bons assim você teria que desenhar até chegar a um que fosse engraçado?

Eles podem estar relacionados.

27. A Mãe de Dave Grohl

Dave Grohl, baterista do Hall da Fama do Rock and Roll, disse: "Dr. Dre, Michael Stipe, Zac Brown, Pharrell... você poderia pensar que não haveria nada em comum entre pessoas assim, pois as pessoas são muito diferentes umas das outras. Mas todas as suas histórias são quase exatamente iguais. Quando criança, entre 10 e 13 anos de idade, todos eles decidiram que queriam ser músicos."

A mãe dele escreveu um livro sobre isso.

Ela explicou que, assim como ela, muitas das outras mães perceberam essa vontade em seus filhos e decidiram deixá-la florescer.

Não é importante que as crianças desenvolveram suas habilidades musicais naquela faixa de idade. O importante é que desenvolveram o hábito identitário. Ao se olharem no espelho, viam-se como músicos, como artistas, como pessoas que se comprometeram com uma jornada.

Não há nada de mágico em ter 11 anos de idade. A não ser porque é mais fácil desenvolver uma identidade quando não é necessário se afastar daquela que já está desenvolvida.

A prática não se importa com *quando* você decide se tornar um artista. O que importa, apenas, é que você decida. Esteja sua mãe envolvida ou não na decisão.

28. Rumo a uma Prática Diária em Favor de Sua Identidade

Julia Cameron e suas páginas primaveris ajudam a desbloquear algo escondido dentro de nós. Não a musa ou um místico poder mágico, mas nada mais que a verdade da identidade que você escolheu. Fazer algo criativo todos os dias faz de você uma pessoa criativa. Não uma pessoa bloqueada, que se esforça, sem talento. Uma pessoa criativa.

Porque pessoas criativas criam.

Faça o trabalho, torne-se o artista. Não planeje, simplesmente se torne um. Aja como se fosse assim que adquirimos identidade.

Escrever é um cadinho universal para indivíduos. Pintores, empreendedores, terapeutas, artistas circenses — todos podemos escrever a própria narrativa, um registro permanente de como interpretamos o mundo e como o mudaremos.

Sim, você pode fazer isso com privacidade, em um caderno de anotações que ninguém jamais verá. Mas sua influência será muito maior se houver um público. Mesmo se usar um pseudônimo. Mesmo se forem apenas algumas poucas pessoas.

Saber que as palavras estão ali, diante das pessoas, corrobora sua identidade.

"Eu escrevi isto."

Blogueie todos os dias. É fácil, gratuito e estabelece sua identidade bem antes de o mercado se preocupar com quem você é e o que faz.

Escritores escrevem. Corredores correm. Estabeleça sua identidade fazendo seu trabalho.

29. "Até Agora" e "Ainda Não"

Você não atingiu seus objetivos (até agora).

Você não é tão bom no que sabe fazer quanto gostaria (ainda não). Você está tentando com afinco encontrar a coragem de criar (até agora).

Essa é uma notícia sensacional. Isso acontece desde que você era uma criança. Esforçar-se com persistência e consistência ao longo do tempo pode produzir resultados.

"Até agora" e "ainda não" são os fundamentos de toda caminhada bem-sucedida.

30. Em Defesa da Magia

Prestidigitação, mentalismo e até mesmo o ilusionismo praticado por um mágico de cartola diante de uma grande plateia são eficazes por uma razão muito simples: desconhecemos qual é o truque.

Os espetáculos de mágica funcionam graças a dois elementos combinados: a tensão causada por ver acontecer algo que sabemos ser impossível, e nossa convicção de que o impossível não poderia ter acontecido. E a forte curiosidade de saber como é feito, embora muito natural, deve ser repelida, porque, uma vez sabendo, toda a tensão (e com ela nosso interesse e a magia) desaparece instantaneamente.

Isso é verdadeiro também em relação à nossa apreciação da arte. Gostaríamos de crer que há ali uma ligação nossa com o universo, que a musa sussurrou ao ouvido do autor daquele trabalho uma verdade reservada exclusivamente a ele. Gostaríamos de acreditar que subir ao palco para tocar jazz é fundamentalmente diferente de aparecer para trabalhar no Departamento de Veículos Motorizados.

Talvez seja mais fácil admirar se acreditarmos que a pessoa que criou tenha experimentado a mesma sensação.

Sinto-me um tolo ao escrever sobre o processo criativo. Adoro imaginar como seria encarar profundamente o vazio, ser tocado por His Noodly Appendage [paródia da obra *A Criação de Adão*, de Michelangelo], sentir os céus ditando o que devo fazer enquanto mudo meu estado mental para a transcendência.

A não ser que...

A não ser que não seja assim que o truque é feito.

Acontece que o truque não é um truque. É uma prática que começa com você confiando em si mesmo para ir lá e fazer o trabalho.

31. Confiança, Identidade e Sua Prática

Confiança não é autoconfiança.

Confiar é um compromisso com a prática, uma decisão de liderar, não importando os obstáculos no caminho, porque você sabe que se envolver na prática é melhor do que ignorá-la.

Há, em nossa vida, pessoas e organizações nas quais confiamos. Como isso aconteceu? Confiança é algo que vai sendo construído com o passar do tempo. Nossas interações geram expectativas, que, se repetidas e apoiadas, transformam-se em confiança.

Essas organizações e pessoas ganham confiança nos momentos difíceis. Elas não são perfeitas. Na verdade, o motivo pelo qual confiamos nelas é exatamente pelo jeito como lidam com a imperfeição.

Podemos fazer isso com nós mesmos. Conforme nos envolvemos com a prática, passamos a confiar na prática. Não que isso vá produzir o resultado desejado toda as vezes, mas simplesmente por ser a melhor opção disponível.

Confiança é o suporte da paciência, pois uma vez que você confia em si mesmo, pode adotar uma prática com a qual a maioria das pessoas não consegue lidar.

E a prática está à disposição de todos nós.

32. Aulas de Pescaria

Meus amigos Alan e Bill realizaram um pequeno evento em Wyoming, e no terceiro dia, eles nos acordaram às cinco da madrugada para nos dar aulas de pescaria. Esse é um esporte que sempre quis experimentar, mas não tinha, de fato, vontade de pegar um peixe, mesmo que fosse para jogá-lo de volta depois. Então, quando o instrutor preparava uma vara para mim, lhe pedi para colocar uma isca sem anzol. Ele me olhou meio estranho, mas fez o que pedi.

As horas seguintes foram extraordinárias, mesmo porque eu sabia que não tinha como pescar peixe algum.

Meus amigos estavam ocupados, procurando pescar alguma coisa. Tudo o que faziam mostrava essa disposição. Eles queriam, esperavam e imploravam que um peixe mordesse o anzol.

Liberado desse resultado facilmente mensurável, eu poderia me ater exclusivamente à prática do esporte. Concentrei-me no ritmo, em minha postura, no mágico voleio dos arremessos.

No final das contas, o profissional tem que levar peixes para casa. Esse é o estímulo que o faz aparecer ali todos os dias. Mas o que se captura de verdade lá é o efeito colateral da prática em si. Pratique de forma correta e seu compromisso abrirá as portas para o mercado se envolver em seu trabalho.

Quando Elizabeth King disse que "O processo nos resguarda da pobreza de nossas intenções", estava se referindo aos peixes. Você pode procurar um atalho, um jeito diferente, uma maneira qualquer de convencer o peixe a morder o anzol. No entanto, se com isso você se afastar do processo, sua arte sofrerá. Melhor deixar de lado o julgamento de si mesmo para depois de haver se comprometido com a prática e feito o trabalho.

33. A Pobreza de Nossas Intenções

Em qualquer dado momento, o mundo não é perfeito.

As condições não são as certas. A economia vive aos solavancos. Há uma emergência sanitária. Nossa confiança está abalada. Deparamo-nos com comentários particularmente desagradáveis. Somos rejeitados.

A lista é realmente extensa.

E em circunstâncias assim, nossas intenções podem não ser das mais recomendáveis. Podemos querer nos esconder ou buscar a musa. Podemos querer nos desfazer de tudo ou simplesmente desistir.

A prática, porém, nos salva.

Porque a prática pode ser confiável.

E porque nesses momentos é simplesmente a melhor próxima etapa.

34. A Prática É Implacável

A Danyang–Kunshan Grand Bridge é a ponte ferroviária mais longa do mundo. Tem impressionantes 164km de comprimento.

Por outro lado, a ponte Bosideng também é a ponte mais extensa do mundo, mas tem somente 518 metros de comprimento.

Qual é a diferença?

A ponte Bosideng é a mais longa ponte de vão livre do mundo. As águas são muito profundas para viabilizar a fixação de qualquer pilar de sustentação; assim, é preciso cruzar o rio com um pulo gigante.

Já a Danyang–Kunshan tem milhares de vãos livres de comprimento. Não é uma única ponte, mas uma série delas.

A carreira de todo criativo de sucesso é parte de uma prática com padrão semelhante. Vai sendo formada de pequenas pontes, cada uma assustadora apenas o suficiente para dissuadir a maioria das pessoas.

A prática requer um compromisso com uma série de passos, não um milagre.

Generoso

35. Você Tem o Direito de Permanecer em Silêncio

Mas eu espero que não.

O mundo conspira para nos segurar, mas não pode fazer isso sem nossa permissão.

O sistema industrial dominante desvirtua a prática, fingindo que tudo tem a ver com talento e magia. Ele preferiria que você ficasse parado e em silêncio. O sistema diz: "Por favor, inscreva-se para a receita do status baseada na insuficiência, conformidade e aplausos."

Não precisamos de mais ruído, mais variedade ou mais passos. Há barulho ao nosso redor, mas muitas vezes é a conversa irrelevante de pessoas se escondendo à vista de todos ou a agitação egoísta de mais um querendo alguma coisa de você. Há em nosso mundo muito barulho e poucas conexões significativas e liderança positiva.

Sua contribuição, aquela que você quer e nasceu para fazer: é isso que esperamos, é disso que precisamos.

36. A Visão Generosa

Vender pode ser egoísta. Queremos evitar pressionar as pessoas, por isso é fácil nos conter com receio de manipular alguém. Eis um teste fácil sobre manipulação: se as pessoas com as quais está se relacionando descobrirem o que você já sabe, elas ficarão felizes por terem feito o que lhes pediu?

Ao fazer coisas melhores, os artistas têm a oportunidade de tornar as coisas melhores. Contribuindo com trabalho para aqueles a quem servem. Acendendo luzes, abrindo portas e ajudando não somente a nos ligarmos à nossa melhor natureza, mas uns aos outros.

Os indivíduos envolvidos com a economia industrial procuram fazer o que lhes é solicitado, e cada vez mais barato e rápido. No entanto, aqueles que encontraram sua voz podem nos ajudar a perceber que a vida inclui mais do que é solicitado.

Você não é um cozinheiro de pratos rápidos. Você está aqui para nos liderar.

37. No que Você se Parece quando Você se Parece com Você?

Um jeito de evitar críticas (e de desconfiar de nossas próprias vozes) é se parecer com todo o mundo. Quando imitamos pontos de discussão ou damos duro para repetir o que os outros disseram, estamos nos escondendo. E fazendo isso com o apoio do sistema, aquele que prefere que sejamos uma mercadoria, uma engrenagem facilmente substituível na fábrica.

Todos temos uma voz na cabeça, e cada uma dessas vozes é diferente. Nossas experiências, nossos sonhos e medos são únicos, e moldamos o discurso a fim de permitir que essas ideias sejam compartilhadas. Pode não funcionar. Mas a você compete uma voz distinta, e mantê-la presa na garganta, acumulando-a, é tóxico.

Por certo que você tem permissão para se parecer consigo mesmo. Tal como todos os outros.

38. Acumular É Tóxico

Acumular sua voz, mantê-la presa na garganta, se baseia na falsa premissa de que você precisa manter para si suas percepções e sua generosidade, caso contrário, ficará sem essas qualidades. Acumular é um jeito de se esconder do medo de ser insuficiente. Acumular o isola das pessoas que mais precisam e contam com você.

Se você acha que nunca mais terá uma boa ideia, hesitará em compartilhar o que tem, pois receia ser roubado e ficar sem nada.

Uma mentalidade de escassez simplesmente cria mais escassez, afinal, você está se afastando do grupo de pessoas que podem torcer por você e o desafiam a fazer mais. Podemos, em contraste, assumir uma mentalidade de abundância. Podemos optar por perceber que a criatividade é contagiante: se você e eu adotarmos a reciprocidade em nossos melhores trabalhos, nosso melhor trabalho fica ainda melhor. A abundância multiplica. A escassez subtrai. Uma cultura vibrante é extremamente criativa.

Se não confiamos em nossa voz, ou se ainda não a encontramos, isso facilita nosso silêncio. Melhor calar, pensamos, do que ser rejeitado.

Não confiar em nós mesmos pode nos consumir. O ciclo de escassez nos torna egoístas e nos faz não confiar nos outros também.

A arte vive na cultura, e a cultura existe em virtude de nosso envolvimento ativo uns com os outros.

39. Vinte Centavos e uma Bola de Futebol

Kennedy Odede cresceu em meio a uma pobreza abjeta em Kibera, uma favela no Quênia. Em 2004, sem nada para investir a não ser tempo e paixão, fundou a SHOFCO, uma organização sem fins lucrativos dedicada a ajudar os jovens em Kibera.

A primeira coisa que ele fez foi organizar um time de futebol, e em seguida se propôs a desenvolver uma organização que pudesse trazer benefícios à comunidade. A ONG agora oferece clínicas médicas, água potável, banheiros públicos e outros serviços gratuitos em várias regiões pobres do Quênia. Não porque houvesse uma série de trabalhos que lhes foram atribuídos, mas porque eles podiam fazê-los.

Kennedy cresceu cercado de insuficiências. Muitos de nós conhecemos esse sentimento, algo que nos foi ensinado. É tão fácil decidir se concentrar no ego — *nossas* urgências, *nossos* compromissos, *nossas* necessidades. Ele, entretanto, fez uma escolha diferente, escolheu se concentrar com generosidade no que se passa lá fora.

Imagine que você mora em uma aldeia na qual a água está contaminada por organismos patogênicos e descobre como purificá-la. Você compartilharia de graça esse conhecimento com os demais moradores?

De um ponto de vista egoísta, você pode se perguntar se isso é justo. Afinal de contas, o trabalho todo foi seu. E talvez nunca mais lhe venha outra ideia tão boa quanto essa.

Na prática, porém, uma aldeia com acesso a água limpa será muito mais produtiva. Isso elevará o padrão de vida, a produção de alimentos aumentará, e haverá mais bem-estar e alegria para todos. Não importa o retorno financeiro, essa alegria voltará para você muitas e muitas vezes.

Nossa cultura é como aquela aldeia. Ideias compartilhadas se espalham, e ideias que se espalham mudam o mundo.

40. Pitágoras e o Quinto Martelo

Pitágoras, o inventor da hipotenusa, liderou um culto de matemáticos brilhantes mas, às vezes, confusos. Para eles, os harmônicos eram a chave para entender como as coisas funcionavam. No centro de seu trabalho estava o estudo das proporções, de dividir as coisas em seus componentes básicos em busca do segredo do universo.

A PRÁTICA

Segundo o mito, Pitágoras estava com dificuldade para concatenar os elementos relativos a uma teoria, então foi dar uma caminhada para clarear as ideias. Passando por uma oficina de ferreiro, ouviu cinco homens trabalhando lá dentro, todos usando martelos para moldar o ferro. Conforme seus martelos iam ritmicamente malhando o metal, o forte tinido organizava-se em um som agradável, com o bater dos martelos vibrando em maravilhosa harmonia conjunta.

Ele então, de súbito, movido por aquela sensação, entrou na ferraria e, esbaforido, em uma cena que teria sido divertido presenciar, arrebatou todos os cinco martelos das mãos dos ferreiros e levou-os consigo.

Seu propósito era estudar o que fazia aquela harmonia ser tão assombrosa. Aquilo poderia desvendar o segredo que ele procurava.

Nas semanas que se seguiram, Pitágoras pesou e mediu cada martelo. Queria entender o motivo pelo qual não faziam sons idênticos e, mais importante, por que soavam tão bem quando todos batiam ao mesmo tempo.

Com seu trabalho, ele nos ajudou a descobrir uma conexão física entre a matemática e o mundo. Acontece que as relações entre os pesos dos primeiros quatro martelos levavam ao seu tinido harmônico: cada um tinha um peso que era um múltiplo do outro. No entanto, o mais fascinante para mim é que o quinto martelo não seguia nenhuma das regras de harmonia. No quinto martelo, os dados não se encaixavam, algo para ser ignorado.

Tal como muitos pesquisadores ao longo do tempo, Pitágoras desdenhou do quinto martelo e o jogou fora (junto com a incômoda incompatibilidade) e publicou seu trabalho apenas sobre os quatro primeiros. Ocorre, porém, que o desajustado, o quinto martelo, era o segredo de todo o som. Funcionou precisamente porque não era perfeito, precisamente por acrescentar resolução e ressonância a um sistema que teria ficado frouxo sem ele.

As harmonias de Crosby, Stills, Nash & Young [um conjunto estado-unidense de folk rock] geralmente funcionavam melhor graças a Neil Young — porque a voz dele não combinava.

Young era o quinto martelo.

Durante a turnê do CSNY em 1974, o trio principal viajava junto, frequentemente em um jato particular, de apresentação em apresentação. Young se recusava a voar com eles. Após cada show, dirigia-se imediatamente para a cidade seguinte no circuito em uma casa móvel, acompanhado apenas por seu filho. Ele era a fricção, o curinga, o quinto martelo.

O quinto martelo é aquele que não tem comprovação, não é óbvio ou nem sempre recebe incentivos.

O quinto martelo é você, quando escolhe a prática e confia em si mesmo o bastante para criar.

41. Quando Foi a Última Vez que Você Fez Algo pela Primeira Vez?

Nostalgia do futuro é uma aflição moderna. Passamos nossos dias imaginando que o amanhã pode não ser o que esperamos e, por isso, repletos de arrependimento pelo que poderia ter sido.

Conseguimos ver o que é possível, que temos uma chance de melhorar as coisas, mas hesitamos.

Esse futuro melhor parece se desvanecer, indo embora conforme desviamos o olhar, pesarosos. Não apenas quando há uma pandemia mundial. A cada dia que passa, as portas parecem estar se fechando e que aquele amanhã perfeito que esperávamos não chegará.

Não há nada que possamos fazer para assegurar que os dias vindouros serão exatamente do jeito que esperamos. Pode ser tentador ignorar as possibilidades e simplesmente nos sujeitarmos às vicissitudes do momento, nos comportando como vítimas das circunstâncias.

A alternativa é procurar uma base para firmarmos os pés. Podemos escolher aproveitar nossa chance, nos manifestar e contribuir.

42. Navegando com o Vento a Favor

A maneira mais fácil de passar pela vida é deixá-la passar por você. Surfe nos ventos dominantes e se deixe levar para se dar bem. O esforço requerido é mínimo porque você não está trabalhando com intenção; ao menos não com sua própria intenção. Está indo em frente. Fazendo o melhor que pode. Talvez até apenas fazendo seu trabalho.

Mas considere um veleiro. Ele avança muito *lentamente* quando está na direção do vento. Isso porque a vela atua como um paraquedas, o que significa que o barco não pode ser mais veloz que o vento que o impulsiona diretamente por trás. Os dentes-de-leão espalham suas sementes com o bater do vento, mas não causam muito impacto.

Dessa maneira, o veleiro não tem um bom desempenho. Para isso, ele precisa navegar *atravessando* o vento. A maior velocidade de um veleiro é obtida quando a vela é posicionada em um ângulo de 45º em relação à direção do vento, fazendo-o incidir lateralmente sobre a vela. Com isso, a propulsão será constante, o que fará o barco acelerar.

Com nosso trabalho, podemos fazer o mesmo. Podemos estabelecer um curso de ação mais ágil. Podemos confiar em um processo que nos capacita a aprimorar cada vez mais o trabalho que fazemos.

Nós fazemos a diferença no mundo quando buscamos fazer a diferença.

Não porque seja fácil, mas porque importa. Isso tudo faz parte da prática.

43. A Hospitalidade do Desconforto

Minha colega, Marie Schacht, diferencia hospitalidade (receber bem as pessoas, perceber a presença delas, entender do que precisam) de conforto (que envolve segurança, comodidades e um ambiente tranquilo, sem tensões).

A PRÁTICA

A arte, no entanto, não busca criar algo reconfortante. Ela gera mudanças. E a mudança requer tensão.

Ocorre o mesmo com o aprendizado. A verdadeira aprendizagem (em oposição à educação) é uma experiência voluntária que exige tensão e desconforto (o sentimento onipresente de incompetência conforme vamos aperfeiçoando uma habilidade).

Para a prática, então, a questão é não apenas causar desconforto temporário naqueles a quem você lidera, serve e ensina, mas assumir seu próprio desconforto ao se aventurar em territórios desconhecidos. Os artistas trabalham com afinco para criar uma sensação de desconforto em seu público. O desconforto envolve as pessoas, as mantém alerta, as deixa curiosas. Desconforto é a sensação que todos sentimos antes que a mudança aconteça. Mas esse novo conceito de hospitalidade, de ajudar os outros a mudar levando-os a algum lugar novo, pode também nos deixar pessoalmente desconfortáveis. Pode parecer mais atraente simplesmente perguntar às pessoas o que elas querem e pronto.

Optar por proporcionar tão somente conforto debilita o trabalho do artista e do líder. Em última análise, causa menos impacto e, também, menos hospitalidade.

O desconforto que você sente não é desculpa para não ser hospitaleiro. Nossa prática tenciona levar ao trabalho uma empatia que seja exequível, para nos darmos conta de que em nossa jornada para criar mudanças também estamos gerando desconforto.

Para nosso público. Para nós mesmos. E tudo bem.

44. Diversidade e Solução de Problemas

Problemas têm soluções. Por isso eles são problemas. Um problema sem solução não é um problema, é uma situação.

Problemas solucionáveis são geralmente resolvidos por alternativas surpreendentes, nada triviais. Caso uma solução óbvia pudesse vir de uma fonte óbvia, isso já teria acontecido.

Contudo, são as abordagens improváveis — aqueles enfoques incomuns que se originam da adversidade — que com frequência salvam a pátria.

A diversidade pode envolver etnia ou habilidades físicas. Mas é bem provável que envolva abordagens idiossincráticas e diferenças nas experiências. Se um número suficiente de pessoas peculiares se reúne, alguma coisa nova acontecerá. O autor Scott Page demonstrou que, à medida que os sistemas se tornam mais complexos, maiores são os benefícios oriundos da diversidade.

Claro, cada um de nós tem suas próprias peculiaridades. Ser peculiar é uma escolha, uma oportunidade de trazer nossas próprias experiências e nosso próprio ponto de vista para o trabalho. Educaram-nos por muito tempo para emudecer essa voz única ou fingir que ela nem existe, porque os sistemas ao redor nos forçam ao conformismo. Tanto é verdade, que a palavra "peculiar" assumiu um matiz vergonhoso para alguns, ainda que seu significado seja simplesmente o de algo *específico*.

Mas em um mundo em que se notam mudanças cada vez mais rápidas, esse conjunto de habilidades e perspetivas tão diferenciadas constitui-se exatamente naquilo que precisamos de você.

Sem suas contribuições específicas, nossa diversidade de abordagem e experiência míngua.

45. Bradley Cooper Está Resfriado

Você é o produtor executivo de uma nova e importante série da Netflix e tem um problema sério: a estrela principal não tem condições de participar do início das filmagens. Seu papel, de pai solteiro e advogado defensor dos direitos civis, é dos mais interessantes. Você está em apuros e precisa encontrar um substituto.

O estúdio lhe deu um dia para resolver a questão. Eles precisam de alguém que tenha sido indicado ao Oscar e, talvez, tenha ganhado um Globo de Ouro e arrecadado mais de US$4 bilhões de bilheteria.

Rápido, faça uma lista. Quem são as grandes estrelas de que você precisa correr atrás?

Em meio a tal desafio, a maioria das pessoas não sugere atores como Scarlett Johansson, Don Cheadle ou Gwyneth Paltrow, embora todos eles estejam entre os dez que atendem àqueles requisitos.

Isso acontece porque essas escolhas não correspondem ao nosso instinto de evitar peculiaridades e especificidades. Daí decorre nosso impulso de usar o "tipo normal", ainda que com isso não resolvamos nosso problema. Ainda que seja injusto.

O mesmo instinto que nos força a corresponder a qualquer que seja a narrativa dominante nos induz a nos encaixarmos, em vez de nos colocarmos em destaque. Isso torna nosso medo ainda maior e, ao mesmo tempo, diminui nossa contribuição.

46. "Ei, Eu Fiz Isto"

"Eu" é a pessoa que está no gancho: eu mesmo, você, nós. Isso é o trabalho de um ser humano. O público pode fazer uma conexão direta entre você e o que você está oferecendo.

"Fiz" porque exigiu esforço, originalidade e habilidade.

"Isto" não é algo abstrato e inefável. É concreto e finito. Não existia e agora existe. Isto é peculiar, não genérico. "Ei" é um chamamento, porque a ideia é um presente, uma conexão que se transfere de pessoa para pessoa.

Essas quatro palavras carregam consigo generosidade, intenção, risco e intimidade.

Quanto mais as pronunciamos, lhes damos significado e as cumprimos, mais arte e conexão criamos.

E provocamos mudanças para viver.

47. Os Agentes da Mudança no Comando

Esta nova realidade é muito simples:

Você está aqui para provocar mudanças. Precisamos tornar as coisas melhores e de alguém para nos liderar.

O tempo é fugaz, e você só tem o hoje.

Agora que você está no comando, dispõe de três maneiras simples de implementar essas mudanças com mais foco, energia e sucesso.

A primeira é aceitar o fato de que você pode, sim, confiar no processo e repetir a prática com frequência suficiente para não ficar preso no meio do caminho.

A segunda é que você pode se concentrar em poucos, não em todos.

E a terceira é colocar um propósito em seu trabalho de modo a dar a devida importância a cada etapa dele.

Talvez você não esteja trilhando um caminho já percorrido por outrem, mas para onde quer que esteja indo, isso é importante.

48. Nenhum Lugar para se Esconder

Esconder-se tem lá seus encantos. Não fosse pela maneira como uma atitude dessas leva a sofrer milhares de pequenas mortes, esconder-se seria um jeito confortável de levar a vida.

Contudo, se confiarmos em nós mesmos e procurarmos fazer com que as mudanças aconteçam, enfiar a cabeça na areia não pode mais ser uma opção.

Quando alguém sobe sozinho ao palco, munido apenas de um microfone e sem qualquer figurino, e se propõe a fazer a plateia rir, está protagonizando o mais despojado entretenimento de massa, o "stand-up comedy". Ele não pode culpar o roteiro, a iluminação ou a banda. Ele está, simplesmente, entregue a si mesmo, compartilhando uma história.

E quando ele lança seus petardos sobre o público, não há como se esconder. Isso é parte inerente do espetáculo. A corda bamba é alta, e cair dela é dolorido.

Há, é claro, outros modos de causar um impacto além da fatigante rotina do stand-up. Cada um deles exige encontrar um jeito de não se esconder. Para dizer: "Ei, eu fiz isto." Para confiar em si mesmo o suficiente para mostrar o trabalho.

É verdade, pode não dar certo. Faz parte do processo. Seja como for, faça.

E depois faça de novo.

Se para você é importante, vale a pena fazer quantas vezes for necessário.

49. O Melhor Motivo para Dizer "Não"

A escritora Justine Musk nos diz que, para dizer não com consistência e generosidade, precisamos ter algo para dizer "sim". A fonte desse sim é nosso compromisso com a prática.

O mundo espera que aquilo que está pedindo seja aceito. Espera que atribuições, almoços de negócio, novos projetos e até mesmo favores obtenham um sim. É só um pequeno pedido, a pessoa acha.

O problema é óbvio. Se você passa o dia inteiro rebatendo a bola, jamais sacará.

Seus dias ficam resumidos a responder ou reagir às solicitações recebidas, em vez de realizar o trabalho generoso de dar sua própria contribuição.

O que você deveria fazer: responder a um e-mail ou trabalhar em seu livro?

Decidir-se por responder ao e-mail conta como um sim. Mas talvez seja um sim para a coisa errada.

Pode ser que a coisa mais generosa a fazer seja desapontar alguém no curto prazo.

Deixar a caixa de entrada zerada é um hábito virtuoso, embora exaustivo. Esse hábito, assim como todas as formas de responsividade, favorece o curto prazo, em detrimento do longo, do urgente e do importante. E ainda vem revestido de uma forma de negação, de se esquivar do prioritário.

Essa caixa de entrada pode ser uma metáfora, aplicável à forma como você controla sua agenda, planeja seu próximo projeto ou lida com sua cunhada. Sempre há uma lista de coisas que outras pessoas gostariam que viessem da gente, e passamos um bocado de tempo, mais do que imaginamos, classificando e preenchendo essa lista.

Raramente respondo um e-mail enquanto escrevo um discurso, ou estou no meio de um novo workshop ou ideia. É porque, em tais ocasiões, estou comprometido com o que estou fazendo e com aquele sentimento que o escritor Derek Sivers chama de "isso aí!"

Generoso não significa sempre dizer sim para o urgente ou deixar de priorizar. Generosidade significa escolher focar a mudança que buscamos fazer.

Não é nada fácil encontrar o que a autora Rosalyn Dischiavo chama de "o sim profundo". Trata-se de um tipo de priorização seletiva que requer responsabilidade e vulnerabilidade. E isso requer processo. O poder que um sim dado indiscriminadamente tem de agradar às pessoas é uma forma de resistir ao sim de entregar nosso verdadeiro trabalho. Ele nos desprende da conexão que buscamos desesperadamente.

Quando você se compromete com suas prioridades, é dono de seus atos. Isso significa que você é responsável, sem desculpas pelo que pode estar escondendo ou explicações porque está ocupado.

Focar em si mesmo pode, facilmente, se tornar algo egoísta. Dizer não com demasiada frequência é uma receita para o solipsismo, uma forma de egomania, tão egoísta quanto aquela da qual estávamos tentando fugir. Desequilibrado, um não produzido por uma autoconfiança obtida por seja lá qual for o custo nada mais é que outro modo de se esconder.

Caso seu não se torne um hábito, uma forma de se esconder, você pode acabar cortando os laços com as próprias pessoas a quem se propôs servir. E se o não se tornar muito sedutor, pode fazê-lo se sentir confortável com essa postura, nunca realmente entregando seu trabalho, porque fazer isso significa que você precisará reentrar no mundo em que existe o sim. Nós nos comprometemos a deixar as pessoas desconfortáveis no curto prazo para que possamos ser hospitaleiros mais tarde.

Se os resultados forem seu foco, se a confiança que tinha em seu *eu* se enfraqueceu a ponto de precisar de garantias, enviar seu trabalho para o mundo é muito tenso. E então pode ser mais fácil abrigar-se no narcisismo de sempre dizer sim. Ou sempre dizer não.

Essa rendição, entretanto, significa que você sacrificou a mais generosa (e assustadora) coisa que pode fazer: confiar em si mesmo o suficiente para se apresentar e entregar o trabalho. O trabalho certo, para as pessoas certas, e pelo motivo certo .

50. Garantir É Fútil

Muito poucos mantras de três palavras incomodam tanto como "garantias não existem". Mas após adotar a prática, você perceberá que é verdade.

"Tudo vai funcionar" não é uma verdade. Não tem como ser.

Nós tranquilizamos as crianças porque elas são inexperientes e não sabem o que esperar. E fazemos isso porque temos certeza de que podemos protegê-las.

Mas buscar garantias não é produtivo quando nosso trabalho visa promover mudanças. Porque fazer alguma coisa que pode não funcionar significa exatamente isso... que pode não funcionar.

Embora ter garantias seja algo tranquilizador, essa sensação nunca é duradoura. E ela começa a se desvanecer assim que ouvimos as palavras. Nunca há garantia suficiente para compensar a falta de compromisso com a prática. Não temos alternativa a não ser confiar em nós mesmos o quanto bastar para liderar o caminho.

Garantias são apenas um esforço de curto prazo para se sentir bem sobre o resultado provável. Garantias amplificam o apego. Com isso, nosso foco de como buscamos persistente e generosamente a prática muda para como manejamos para nos certificar de sermos bem-sucedidos. Nós nos concentramos no peixe, não na pescaria.

Garantias são úteis para quem busca ter certeza, mas artistas de sucesso constatam que a certeza não é uma necessidade. Na verdade, a busca pela certeza atua em contrário a tudo que pretendemos criar.

Esperança não é o mesmo que obter garantias. Esperança é confiar em si mesmo para ter a oportunidade de melhorar as coisas. Mas podemos esperar sem ter garantias. Podemos ter esperança ao mesmo tempo em que aceitamos que aquilo em que estamos trabalhando agora pode não funcionar.

51. O Medo de Ficar para Trás

Kiasu é uma palavra do dialeto chinês Hokkien para "o medo de ser deixado para trás" ou de não obter o suficiente. É uma aflição comum, não apenas em Singapura, local onde a frase se origina, mas no mundo todo. Muito mais do que FOMO [sigla no inglês para o que corresponde a "Medo de Perder uma Oportunidade"], é uma insuficiência de meios à mão que toca as pessoas para frente.

Ampliar uma sensação de escassez é uma forma de inclinar as pessoas a obedecer. Objetiva levá-las a comprar mais coisas (antes que tudo acabe), trabalhar cada vez mais (porque alguém vai sobrepujá-las) e viver com medo. Isso leva ao pânico, o que faz as pessoas irem às compras e acumular. E é uma maneira eficaz de motivar os alunos quando você está buscando conformidade, ou de manipular uma multidão para que se esforce.

Sem dúvida, *kiasu* tem tudo a ver com medo e insuficiência. E não poderia existir se confiássemos em nós mesmos o bastante para saber que já estamos caminhando para onde buscamos ir.

Caso você esteja se baseando em resultados que estão fora de seu controle como combustível para seu trabalho, é inevitável se dar mal. Porque não há no caminho postos de reabastecimento, e não é um combustível que queima sem deixar resíduos.

52. A Confiança É Relativa

Um metro sempre tem um metro de comprimento. É algo absoluto, de fácil mensuração. Por isso o usamos.

Querer que nossos sentimentos sejam absolutos — prováveis, fungíveis e tangíveis — é tentador. A confiança, porém, varia de pessoa para pessoa e de dia para dia. Trata-se de um sentimento, algo difícil de medir e controlar. A sensação de segurança é fútil porque busca sustentar um sentimento e, em certo momento, pode ou não dar conta do recado.

Não temos que ser vítimas de nossos sentimentos. Eles não precisam ser autônomos, indo e vindo sem mais nem menos. Está em nosso poder realizar ações que proporcionam os sentimentos de que precisamos.

Glenn Close foi indicada sete vezes para concorrer ao Oscar. Ela nunca ganhou. Se tivesse colocado todo seu empenho em ganhar um Oscar por atuação, ela nunca teria criado todo o conjunto de sua obra. Ela é um fracasso? Sua carreira de atriz foi um desperdício? A ausência de garantias dos colegas tem alguma coisa a ver com o conjunto de seus trabalhos? Se ela mensurasse sua prática com base em um voto fora de seu controle, estaria baseando suas decisões em dados incorretos.

A prática é uma escolha. Com disciplina, é algo que *sempre* podemos escolher. A prática está ali, ao alcance das mãos, quer estejamos confiantes ou não.

Mas especialmente quando não estamos confiantes.

53. A Resistência É Real

O magistral *A Guerra da Arte*, de Steven Pressfield, nos ensinou a compreender a força que ele chama de resistência. Esquiva e manhosa, a resistência é uma força emocional que conspirará para nos bloquear, debilitar ou, no mínimo, colocar obstáculos em nossa busca pelo trabalho que importa.

A resistência se concentra, obsessivamente, nos maus resultados, porque lhe interessa nos desviar do trabalho que estamos executando. Pela mesma razão, a resistência busca garantias.

Implacável, a resistência nos pressiona para ter certeza, e em seguida enfraquece essa certeza no intuito de nos impedir de seguir adiante.

Porém, se não necessitamos de certeza, se apenas pudermos confiar na prática, nos dedicando ao processo de criação e entrega, então a resistência perde muito de seu poder.

A generosidade é a forma mais direta de encontrar a prática. Ela derruba a resistência, concentrando o trabalho em mais alguém. Generosidade significa que não temos que buscar garantias para nós mesmos e podemos nos concentrar em servir aos outros. Com ela, uma área diferente do nosso cérebro é ativada, nos oferecendo um caminho mais significativo para avançar. As pessoas não querem ser egoístas, e ceder à resistência quando você está fazendo um trabalho generoso soa egoísta.

Nosso trabalho existe para provocar mudanças naqueles a quem ele se destina. Isso é a essência da prática.

Ao fazer o trabalho destinando-o a outra pessoa, a fim de tornar as coisas melhores, de repente o trabalho não diz respeito mais a você. Pule na água, salve o garoto.

54. Considere o Chaveiro

Você não consegue entrar em casa, está trancado lá fora. Você chama um chaveiro. Ele vem e começa a experimentar as chaves mestras na fechadura.

Uma a uma, as chaves são testadas. Há um processo nisso. O risco para o chaveiro é baixo. Ele sabe que tem um número finito de chaves e que é provável que uma delas sirva. E se nenhuma se encaixar, ele sabe que pode voltar ao escritório e pegar outro conjunto.

As chaves vão sendo testadas, e nesse processo não há nenhuma emoção envolvida. O chaveiro não encara o que está acontecendo como se fosse um referendo sobre suas habilidades profissionais. Ele está apenas procurando ajudar. Além disso, ao experimentar cada chave, ele recolhe uma informação. Esta chave cabe nesta fechadura? Os dados estão sendo coletados. E, no final, ele encontrará uma chave que se encaixe (ou não).

O chaveiro profissional não corresponde à nossa visão do artista funcional. Mas e o profissional de engenharia de software? Ele escreve uma linha de código, compila, vê se funciona. Um bug não é algo pessoal. É somente mais um dado. Ajuste o código e repita.

Ou talvez valha a pena considerar a terapeuta. Ela tenta quebrar as barreiras de um paciente recalcitrante. Ou tem êxito ou não. Faz isso no interesse deles. E assim com outro, e outro, até que o processo dê um resultado.

A situação é idêntica para o dramaturgo. Ele leva algumas páginas de diálogos para um workshop e as distribui entre os atores para exercitá-los. Alguns na plateia podem gostar da performance, outros não. Será que os textos caíram nas mãos certas? Novamente, não é o fim do mundo, porque os riscos foram compreendidos quando o processo começou. Agora não é hora para garantias, mas de feedback útil.

Para que a arte seja generosa, é preciso que ela provoque mudanças no destinatário.

A prática é agnóstica com relação ao resultado. A prática permanece seja qual for o resultado.

55. A Generosidade dos Centavos

Aos 7 anos de idade, Annie Dillard tinha um costume todo seu. Ela escondia uma moeda brilhante de um centavo no pé de uma árvore e, em seguida, sinalizava a rua com giz, direcionando as pessoas que passavam para encontrar seu tesouro escondido.

"Há um bocado de coisas por aí, presentes desembrulhados e surpresas grátis. O mundo está bastante enfeitado, coberto de moedas de um centavo lançadas às mancheias por gente generosa. Mas — é o caso de perguntar — quem fica entusiasmado com um mero centavo?"

O centavo é dramaticamente menosprezado. Quase todas as pessoas ficam animadas ao ser notadas, respeitadas ou obter reconhecimento. A essência de sua arte não é a de que tenha vindo de um lugar de rara genialidade. A magia está no fato de que você escolheu compartilhá-la.

O escritor Dan Shipper também trabalhou em seu primeiro livro quando tinha 7 anos e estava na terceira série. Deu um jeito de produzir um livro preenchendo-o com um personagem que recitava uma série infinita de números. Nesse seu jeito, incluía-se convencer de alguma forma seu avô a datilografar o conteúdo.

Todos os envolvidos em seu projeto lembraram-se disso pelo resto da vida.

Você pode produzir mais do que pensa se tiver a intenção de fazê-lo para alguém mais.

56. Adotando (Ainda)

Mais cedo neste livro, deixei escapar um parênteses: "Não está funcionando (ainda)." Essa é a única garantia de que você realmente precisa.

Existe uma prática. Ela está comprovada, e você a adotou.

Agora, tudo de que se precisa é de *mais*.

Mais tempo, mais ciclos, mais bravura, mais processo. Mais de você. Muito mais de você. Mais idiossincrasia, mais estilo, visão e generosidade. Mais aprendizado.

Não está funcionando. (Ainda.)

57. O Cinismo É um Mecanismo de Defesa

E não é particularmente eficaz.

Pessoas positivas tendem a ser mais afeitas à prática. Elas não perdem tempo experimentando falhas antecipadamente.

Artistas negativos também se envolvem na prática, mas seu sofrimento é maior.

Não deixa de ser tentador se preparar para o fracasso inevitável. Ao se tornar um pessimista e cínico, talvez você possa espalhar seu sofrer pouco a pouco, gradualmente. Baixas expectativas não deixam decepcionado ninguém que as tenha.

Muito frequentemente, todavia, esse sofrimento se torna uma profecia autorrealizável, um mau costume que mantemos e que infecta nosso trabalho. Os pessimistas podem tentar se colocar a salvo da frustração, mas provavelmente estão deixando de entregar trabalhos importantes. Se a generosidade é central em nossa prática, de que modo o cinismo nos ajuda a ser mais generosos?

Se pudermos agir sendo positivos com relação a nossa prática, o resultado virá por si mesmo.

Vale ressaltar que usei a palavra "fracasso" alguns parágrafos antes, mas não é exatamente disso que estamos falando. Se você, ao entregar um trabalho generoso, não o vê se conectar com o público para o qual foi dirigido, esse resultado pode não ter sido o esperado, mas a prática, em si, não foi um fracasso.

Das minhas 7.500 postagens no blog, metade está aquém da média, em comparação com as outras, seja qual for o critério de avaliação. Popularidade, impacto, viralização, longevidade. Trata-se nada mais do que simples aritmética.

A prática assume essa verdade simples.

Essa é uma maneira de compreender que, se você tem uma prática, o fracasso (entre aspas, se quiser) faz parte dela.

Não há necessidade de cercar a si mesmo de cinismo. Em vez disso, você poderia, caso prefira, agradecer e comemorar a oportunidade.

58. Empatia Prática

As pessoas não sabem o que você sabe, não acreditam no que você acredita e não querem o que você quer.

Sem problemas.

É impossível ser devidamente generoso com todos. Porque as pessoas são todas diferentes umas das outras.

Temos que ser sinceros e capazes de dizer "isto não serve para você".

O trabalho existe para servir alguém, para mudar alguém, para fazer algo melhor. Para obter popularidade, sensibilizarmos as massas, muitas vezes temos que sacrificar a mudança que pretendemos fazer.

Mude *alguém*. E, como diz Hugh MacLeod: "Ignore todo o mundo."

Em *Isso é Marketing* (Alta Books), escrevi sobre empatia prática. Essa é a postura do criador bem-sucedido.

Ter empatia pode torná-lo uma boa pessoa, além de também um criativo melhor.

Não é útil fazer coisas só para você, a menos que tenha a sorte de querer justamente o que seu público quer.

Não é preciso ser uma criança para projetar brinquedos, ou ter sobrevivido a um câncer para ser um oncologista. Parte do trabalho inclui deixar de lado a segurança de nossa própria narrativa para, de modo intencional, envolver-se com a de outra pessoa.

E, com isso, vem o desafio de abraçar o abismo entre o que você entende, quer ou acredita, e aquilo que as pessoas a quem está servindo entendem, querem ou acreditam. Porque nunca entendimento, desejo e crença serão os mesmos. Não há outro jeito de lidar com essa lacuna a não ser indo aonde os outros estão, pois aqueles a quem você serve provavelmente não se importarão o suficiente para vir até você.

59. "Alguém" Salvou a TV

Nos Estados Unidos, a televisão em rede foi a maior história de sucesso do mercado de massa desde sempre. De 1960 a 1990, nunca tanta gente assistiu à mesma coisa ao mesmo tempo (e provavelmente nunca mais). Com apenas três grandes redes no país, não era incomum que um programa de TV tivesse 30 milhões de telespectadores simultâneos.

O resultado de tentar atrair todos foi *Gilligan's Island* [no Brasil, "A Ilha dos Birutas"] e *Three's Company* [no Brasil "Um é Pouco, Dois é Bom, Três é Demais"].

Mas a chamada era de ouro da TV só chegou com a entrada da HBO e outras redes de televisão por assinatura, que passaram a exibir séries como *Os Sopranos* e *Mad Men*.

Mas é importante lembrar que um episódio típico de *Mad Men* era visto por somente 3 ou 4 milhões de telespectadores quando ia ao ar.

Com esses números, a série teria sido imediatamente cancelada se tivesse sido programada na TV uma década antes.

Foi necessário que programadores e criadores buscassem alguém, nem todos, que nos desse uma TV da qual pudéssemos nos orgulhar. Hoje assumimos que ela faz parte de nosso cotidiano.

Sim, os programas mais assistidos da Netflix são aqueles que evoluíram para agradar ao público, como *The Office*. Mas você não produz um sucesso tentando agradar a todos.

60. Evite os que Não Acreditam

Um elemento fundamental da empatia prática é o compromisso de não ser empático indiscriminadamente.

Um pintor contemporâneo deve ignorar críticas ou desdém vindos de alguém que espera uma arte clássica, tipo natureza morta. O inovador em tecnologia não deve se preocupar com a pessoa que ainda usa um videocassete. Não há problema algum, pois o trabalho não é para eles.

"Não é para você" é o possível e não falado até agora contraponto para o "Ei, eu fiz isto".

A PRÁTICA

Não há nada de errado com os que não acreditam. Não se trata de um transtorno ou estupidez. Eles simplesmente não têm interesse em seguir pelo mesmo caminho que você, não se envolveram com a modalidade de trabalho com a qual você se ocupa, ou, quem sabe, não estão a par do que seu público vê.

Se não pudermos aceitar esse estado de coisas, e se nosso foco estiver na validação externa, a jornada nunca será fácil. A impossibilidade de realizar um trabalho amado por todos é um dado cultural. A própria qualificação de "importante" significa que o trabalho terá um impacto diferente nas pessoas. Suas alternativas são:

1. Escolher banalizar o trabalho, tornando-o tão indiferente ou medíocre, que ninguém se incomoda em não gostar (o que também implica na improbabilidade de alguém gostar). Isso é incrivelmente comum, a causa originária de quase todo trabalho criativo desperdiçado.

2. Escolher criar um trabalho apenas para você, ignorando gênero artístico, mercado e qualquer retorno de terceiros. De vez em quando, há um avanço decorrente do solipsismo. No entanto, é difícil imaginar alguém que colabora com outras pessoas sendo capaz de trabalhar assim de forma produtiva.

Diante disso, resta a opção de confiar em seu *eu*. Isso combina duas escolhas:

1. A de realizar um trabalho que seja importante para *alguém*. Desenvolva uma compreensão do gênero artístico, se

esforce para entender os sonhos e esperanças de seu público generoso, e vá tão longe quanto eles estão dispostos a ir.

2. E a de firmar um compromisso com a jornada, não com qualquer outra coisa em particular. Isso porque você está operando nas margens de uma área específica, o que impossibilita a ressonância como um todo de seu trabalho. Sem problemas. Um trabalho bom não é o mesmo que um trabalho popular: é simplesmente um trabalho que valeu a pena ser feito.

Se você trilha um certo caminho, mas raramente causa um brilho nos olhos de alguém, provavelmente precisa fazer um trabalho melhor. Mais corajoso. Trabalhe com mais empatia. Após aprender a ver, você pode aprender a melhorar o que faz. Em combinação com seu compromisso com a prática, é inevitável que você produza um impacto. Se você se importar o suficiente.

61. Mas Talvez Seja Preciso Mais Trabalho

Se houver apenas os que não acreditam, a razão é simples: você não está compreendendo o gênero do trabalho como os demais.

Em outras palavras, o trabalho não é tão bom quanto você pensa, se "bom" for definido como um trabalho que repercute nas pessoas a quem procura servir. Isso faz parte da prática. Para aceitar o fato de que o público não está errado, é você que, simplesmente, não está certo (ainda).

Vale a pena, então, parar um instante para ver a bifurcação na estrada novamente. É honroso que sua arte seja só para você. Para você escolher criar um público para ela. Mas esse não é um trabalho profissional, pois você não está no gancho. Não há ninguém para servir, exceto você e a ideia em sua mente.

O outro caminho é se tornar um profissional atuante, um líder, alguém que escolhe entregar um trabalho criativo. E entregar significa que é para alguém.

Comprometer-se com esse caminho é um ato de bravura e generosidade. E o pendura no gancho, para que veja o público com clareza suficiente, para ser corajoso o suficiente, para desenvolver a empatia necessária para criar trabalhos generosos.

62. E Talvez Você Esteja Tentando Fazer Duas Coisas de Uma Só Vez

A primeira coisa é fazer exatamente o que deseja, para você.

E a segunda é fazer algo dirigido àqueles com quem você procura se conectar e mudar.

Convém fazer uma coisa *ou* outra. Buscar *ambas* é uma receita para a infelicidade, pois, ao agir assim, você estaria, de fato, insistindo que as outras pessoas queiram o que você deseja e vê.

A maioria de nós gostaria disso, afinal, até podemos merecer graças ao investimento que fizemos no trabalho, mas isso não significa ser provável que isso aconteça.

63. Três Mil Vendidos

A General Magic inventou o futuro. E então faliu.

Megan Smith, Andy Hertzfeld, Marc Porat e os demais passaram a década de 1990 inventando praticamente todos os elementos relacionados ao moderno smartphone. Formato, interface, parcerias...

E venderam exatamente 3 mil unidades de seu primeiro modelo.

Estavam dez anos à frente de seu tempo. O negócio não deu certo, mas o projeto sim.

Fracassaram porque estabeleceram a expectativa de atingir um público maciço. Eles estruturaram uma organização que prometia mudar o mundo da noite para o dia, e levaram tais ideias para o público errado (investidores, mídia, usuários) de um modo insustentável.

O projeto mudou o mundo. Como disse William Gibson: "O futuro já está aqui, apenas não está distribuído de maneira uniforme." Cada uma das mudanças culturais segue exatamente esse mesmo caminho.

64. Três Tipos de Qualidade

A língua inglesa é, surpreendentemente, não específica, e a multiplicidade de significados de palavras comuns muitas vezes complica nossa capacidade de compreender o que está em discussão. "Quality" ["qualidade", em português] é uma dessas palavras.

Em uma noite de sábado de fevereiro, no coração de Nova York, dois musicais da Broadway estavam em cartaz a poucos quarteirões um do outro.

Um deles era o inovador e lendário *Hamilton*. Apresentava todos os três tipos de "quality".

O outro era uma nova versão de *West Side Story*. Esse só tinha dois.

O significado técnico de "quality" origina-se dos consultores pioneiros Edwards Deming e Phil Crosby e se relaciona à fabricação de automóveis. Em resumo, o sentido é o de atender às especificações.

Nesse sentido, um Toyota Corolla ano 1995 tinha melhor qualidade que um Rolls Royce Silver Shadow ano 1995. Isso porque a Toyota trabalhava com peças que atendiam a níveis estritos de tolerância. O Toyota não chacoalhava nem produzia ruídos e era muito menos provável que necessitasse de reparos.

No teatro, como um paralelo, esse tipo de qualidade significa que os autores não esquecem suas falas e a iluminação está de acordo com as especificações. No caso de *West Side Story*, isso se aplica às telas de vídeo que foram usadas, cuja resolução e brilho a maioria das pessoas jamais havia visto.

Por outro lado, o entendimento mais vernacular de "quality" significa luxo. A maioria das pessoas diria que um Rolls Royce tem maior qualidade que um Toyota, porém, isso simplesmente reflete a condição do automóvel britânico como elemento de status de elite, do maior custo dos materiais envolvidos, enfim, do luxo associado a ele.

Um espetáculo da Broadway sem dúvida atende a essa definição de qualidade. O ingresso de US$900 que o diga: mais difícil de conseguir e bem mais caro que levar seu par ao cinema.

Mas a terceira definição de "quality" é a relevante aqui. Estamos falando da magia criativa.

Apesar do orçamento milionário que o diretor Ivo van Hove prodigalizou ao encenar sua *West Side Story*, ficou faltando a magia criativa tão evidente, mesmo anos mais tarde, quando você caminha nas ruas da Broadway para assistir a *Hamilton*.

Em *West Side Story*, as falas não são esquecidas por ninguém. A cena final com Maria e Tony é perfeitamente executada. É reluzente, cintilante e dispendiosa.

Mas, em termos de arte, não há comparação.

Caso você tenha que escolher apenas uma entre as três qualidades, a última é a que importa.

65. Quatro Tipos de Bom

"Foi isto o que ouvi em minha mente." (É bom para mim.)

"Isto é aceito e admirado por um grupo específico de pessoas." (É bom para uma tribo.)

"Fui bem pago por isto." (Estou bem certo sobre o que é importante para mim.) "Isto é muito popular, um grande sucesso." (Estamos afinados com as massas.)

O tipo em que você tem esperança, mas não consegue obter é: todos os críticos gostam.

O primeiro tipo de bom, aquele bom que você desejava ver quando começou a criar, é essencial, mas insuficiente para o profissional. Caso seu trabalho seja seu passatempo favorito, se o faz somente para si mesmo, esse tipo de bom é tudo de que precisa. No entanto, para quem busca causar um impacto e mudar a cultura, é preciso mais.

Ser aceito e admirado por seu público específico é outro tipo de bom, e para a maioria de nós, é, na verdade, o suficiente. Acredito que essa seja a meta de um criativo funcional. Trata-se de um porto seguro no círculo daqueles que são importantes para você. Essa é a capacidade de continuar a fazer seu trabalho para as pessoas que se importam. É neste lugar que podemos produzir sem alimentar a fera do "mais".

O cartunista de sucesso do *New Yorker* está nesse grupo, tal como os artistas performáticos no Burning Man [um festival] ou o músico de jazz que regularmente vende a Blue Note que criou [uma nota musical que não consta da escala tradicional]. Quase todas as obras de fato excelentes vivem neste tipo de bom.

Ir atrás do terceiro tipo de bom exige gastar tempo nos preocupando em nos tornar um mercenário. Receber muito dinheiro por seu piloto de TV ou pela startup que você vendeu para uma empresa gigante, e ficar nisso, não significa que o trabalho em si é o que você se propôs a fazer. Por outro lado, em um mundo no qual quase tudo tem um valor monetário, ser bem remunerado pelo trabalho que faz pode ser a prova de haver atingido o objetivo.

Quanto ao último tipo de bom, aquele que desconcerta tantos indivíduos que se envolvem no processo, trata-se do sentimento que vem de criar um sucesso estrondoso. Uma obra que transcende o público principal e alcança um muito maior. É a lista dos mais vendidos ou aquilo que faz crescer a fila em sua porta. É a palestra TED com 40 milhões de visualizações.

Perseguir esse tipo ilusório de perfeição é uma tarefa e tanto, porque os números estão contra você (muitos tentam, poucos vencem). E também se coloca muito foco nos resultados, em vez de na prática.

Isso significa que, como na maioria das vezes você não se tornará viral, é recompensador realizar um trabalho do qual sinta orgulho, ainda que não seja um grande sucesso no final das contas.

66. A Confusão: Um Grande Sucesso É Bom?

Meu amigo J. dirige uma das mais bem-sucedidas gravadoras de música do mundo. Ele colecionou inúmeros sucessos que ocuparam o primeiro lugar nas paradas. Eu lhe perguntei qual era a parte mais difícil de criar um álbum de sucesso. Sem hesitar, disse: "Encontrar boas canções."

"E o que", perguntei, "qualifica uma canção como boa?" Ao que ele, imperturbável, respondeu: "Ela se tornar um sucesso."

Bob Lefsetz, um jornalista especializado em música, comentou recentemente sobre "Dance Monkey," uma canção da artista australiana Tones and I. Ela foi um sucesso em dezenas de países, mas não nos Estados Unidos. Houve dezenas de respostas, a maioria de expoentes da indústria musical. Gerentes, produtores e profissionais caça-talentos das gravadoras, todos deram sua opinião sobre a canção de Tones and I.

Provavelmente, você pode adivinhar o que eles disseram. Metade das cartas dizia que Toni, a força por trás da música, era incrivelmente talentosa e dona de um grande futuro. A outra metade desdenhou de sua música e seu trabalho, principalmente porque não fora um sucesso em sua comunidade.

Há uma lacuna das mais relevantes entre o que o mercado compra e o que alguns consideram valer a pena. É fácil ficar confuso quanto a grandes sucessos, mas esse pode não ser seu objetivo.

67. Vender É Difícil

Pessoas agindo de modo não profissional muitas vezes sentem que estão tomando algo de seu cliente em potencial. Afinal, foi isso que as concessionárias de automóveis nos ensinaram em virtude da experiência que tivemos com elas.

Mesmo sendo remunerado por isso, vendas podem parecer um trabalho dos mais estressantes. Pequenos roubos, todos os dias, o dia todo.

No entanto, e se você reformular sua profissão como uma oportunidade de realmente resolver o problema de alguém? Um médico que prescreve insulina a um diabético não está vendendo insulina, está, generosamente, salvando uma vida.

O revendedor de automóveis que o livra de um abacaxi e lhe mostra um carro que servirá bem à sua família está criando valor para você.

E o compositor que labuta para conseguir que uma canção dele toque no rádio — uma daquelas da qual você nunca ouviu falar — faz o generoso trabalho de criação de um novo grande sucesso, o qual passa a fazer parte de nossa história e vocabulário cultural.

Vender nada mais é que uma ação que envolve possibilidades e empatia. Exige de você compreender o público que escolheu para servir e, em seguida, levá-lo ao que ele precisa. Eles podem não perceber ainda, porém, uma vez envolvendo-se com eles, ou você aprenderá o que não está funcionando naquilo que está fazendo, ou eles aprenderão que você criou algo que eles estavam esperando, algo preenchido pela magia.

68. A Força Está em Vender

Há outra profissão que as pessoas mais procuram evitar? Até mesmo os vendedores evitam ao máximo as ligações telefônicas de vendas.

Não dá para imaginar um contador que passe um dia sequer sem escriturar os livros ou um médico que evita a todo custo ver seus pacientes.

Mas quanto a vendas...

Não é de se admirar que as verdadeiras vendas (não falo aqui do recebimento de pedidos, algo completamente diferente) sejam um anátema para muita gente. Vendas têm a ver com mudança, com transformar "nunca ouvi falar" em "não" e depois em "sim".

Vendas têm a ver com alterar o status quo do mundo com sua chegada. Não por você, não por seus motivos egoístas, mas pelas pessoas que se beneficiarão com a mudança que você originou.

Acima de tudo, vendas têm a ver com criar tensões intencionalmente — as tensões do "talvez", do "isso pode não funcionar", do "o que direi ao meu chefe...".

Por que alguém se disporia a fazer algo para criar tensão?

Ocorre, porém, que essa é precisamente a tensão com a qual estamos envolvidos como criadores.

É desse modo que nos convencemos de que, antes de compartilhar, estamos criando. É necessário primeiro vender a nós mesmos antes de vender algo a terceiros. Por esse motivo, são tantas as pessoas que têm problemas com a ideia de confiar nelas mesmas. Porque elas têm muita dificuldade em vender a si próprias quanto ao compromisso com o processo.

Ocorre que aprender a se vender para outras pessoas é a melhor maneira de aprender a se vender no trabalho, em sua busca para produzir algo bom ou até melhor do que bom.

A força se apresenta nas objeções, em ver as engrenagens funcionando, em ouvir alguém se convencendo de que ama o que é oferecido.

Em última análise, uma ligação de vendas bem-sucedida resulta em alinhamento.

69. Alinhamento

Alinhar-se é reconhecer que estamos juntos em uma jornada. O Homem de Lata se alinha com Dorothy para verem o Mágico de Oz. Ele tem seus próprios planos. Busca gratificar-se, tal como o Espantalho e o Leão.

Entretanto, ainda que cada componente do grupo tenha um objetivo particular em mente, estão todos alinhados, comprometidos com a mesma jornada, com as mesmas regras e papéis a representar e, provavelmente, os mesmos prazos.

Quando as pessoas estiverem alinhadas, você pode começar a trabalhar. Pode começar a tocar sua música, pintar seu quadro, liderar sua empresa...

Antes disso, você gasta seu tempo todo colocando traseiros nos assentos, tranquilizando as massas, ajustando os benefícios que seu trabalho proporciona.

Após o alinhamento, contudo, a mudança passa de "você" para "nós". Agora, *nós* iremos ver o Mágico. *Nós* estamos envolvidos nesse processo, nessa jornada, nessa performance.

Tudo o que precisamos fazer para aqueles que estão alinhados é sinalizar, apontar um caminho. Se fizermos um gesto em tal direção, é para lá que a equipe nos seguirá. Eles sabem o porquê.

Já para os não alinhados, nada podemos fazer a não ser lhes dizer: "Sinto muito, isto não é para você."

70. Isto Não É para Você

Esperando Godot pode ser minha peça favorita. Beckett foi o Marcel Duchamp do teatro, e essa é sua obra-prima. A maioria das pessoas a odeia.

Odeiam porque não é ali que querem passar duas horas em um teatro. Odeiam porque não se trata da jornada que queriam empreender. Odeiam porque ela não os lembra do tipo de peça que realmente apreciam.

Isso significa que Beckett não deveria ter escrito a peça, ou simplesmente que ela não é para todos?

Ser odiado por muitos (e amado por poucos) é sinal de que o trabalho é idiossincrático. Vale a pena pesquisar e falar sobre ele.

(Uma das razões pelas quais a peça de Beckett é tão antipatizada deve-se a não ter um desfecho, no sentido de um resultado. Ironicamente, ela é, para nossos propósitos aqui, inteiramente sobre o processo. Nela, a tensão não deságua em uma resolução.)

Em 1956, quando a peça estreou na Broadway, tinha como competidoras *The Ponder Heart*, *The Reluctant Debutante*, *The*

Sleeping Prince, Time Limit!, Too Late the Phalarope, Troilus and Cressida, Uncle Willie e *Wake Up, Darling,* entre outras. Todas essas peças foram entusiasticamente recomendadas por alguém que imaginava que seriam apreciadas por todos.

Nosso desejo de agradar as massas interfere com a necessidade que temos de fazer alguma coisa que tenha importância. As massas querem entretenimento de massa, experiências corriqueiras e o prazer de uma dinâmica de grupo fácil. As massas querem o que as massas querem. Já temos por aí muita coisa que agrada às massas.

Naturalmente, algumas poucas gerações à frente, quando todas as outras peças de seu tempo provavelmente já terão caído no esquecimento, aquela que poucos entenderam persiste.

A exigência da prática é que procuremos causar um impacto sobre alguém, não em todos.

71. Ser Egoísta É uma Escolha

Sempre haverá pessoas que vivem nas sombras, que batem e fogem e procuram levar vantagem em tudo que fazem.

Tais pessoas e seus atos, no entanto, não são parte essencial do que é visto no mundo, não mais do que as poucas pessoas que trapaceiam em uma maratona são representativas de todos os participantes.

O que afirmo é que, se você não for capaz de confiar em si mesmo, haverá pressão para que apanhe o que puder carregar. *Kiasu*. Atitude egoísta e gananciosa.

Quando seu valor é mensurado unicamente no resultado final de uma transação, em lugar da prática com a qual você se comprometeu, então, sem dúvida, ter pressa e cortar etapas faz todo sentido.

Não nascemos para ser egoístas. E as condições econômicas que envolvem a vida em comunidade deixam evidente que a correria do curto prazo raramente beneficia alguém. Mas quando você está desequilibrado, à procura de algo em que se segurar, há uma pressão para optar pelo lado egoísta.

Para um homem que está se afogando, qualquer pessoa é um degrau para a terra firme.

72. Obsessão pelo Resultado

Como está o tempo hoje em Vancouver? É bem provável que você não saiba ou se importe. E Telluride, está muito empoeirada? A mesma coisa. Então surge algo com o qual você se preocupa. Será que o tempo será bom para o piquenique que você está planejando para sábado? E se chover, como fica?

Muita energia mental pode ser gasta desejando que o clima colabore. Podemos até sofrer com antecedência, vivendo o mau tempo antes da hora, sabendo que o resultado que buscamos não acontecerá como desejamos. Queremos muito que dê certo, agora *precisamos* que dê certo.

O absurdo de ficar obcecado com o resultado é facilmente percebido quando falamos sobre o tempo. A alternativa inteligente é a resiliência. Sentir-se bem seja qual for o tempo, porque ele independe do que precisamos ou não.

Porém, o que acontece quando, substituindo o clima, nossa expectativa agora é a aceitação de nosso novo projeto pelo mercado? Ou, quem sabe, sobre o que o chefe ou os críticos pensarão? Quando ficamos realmente apegados ao modo como terceiros reagirão ao nosso trabalho, deixamos de nos concentrar no trabalho para nos obcecarmos em controlar o resultado.

73. Obsessão É uma Escolha

Obsessão pelo resultado. Obsessão pelo que determinada pessoa comentará sobre nosso novo trabalho. Obsessão com nossa percepção da posição que ocupamos na comunidade.

Estamos em queda livre. Sempre. Obsessões nos fazem agarrar o que vier pela frente.

Elas nos incitam a buscar um refúgio em um mundo que nos oferece pouco consolo.

Mas, é claro, a má notícia é que não há porto seguro.

Estamos sempre caindo. A boa notícia é que não há nada em que se agarrar.

Tão logo desistimos de encontrar algo em que nos pendurar, voltamos nossa atenção para a prática, para voltar ao trabalho.

O chão mais firme que podemos encontrar é a constatação de que esse chão firme não existe.

O processo de envolvimento com nossa modalidade de trabalho, nosso público e a mudança que buscamos fazer é suficiente. A posição que ocupamos está sob nosso controle. E sempre, quando quisermos, podemos voltar à prática.

Deixar a obsessão de lado não nos tira o chão. Nos dá um.

74. Uma Guinada Singela em Direção ao "para"

Quando trabalhamos para outras pessoas, fazemos arte para elas, criamos oportunidades para elas. Assim, é natural mergulharmos diretamente nisso. Porque nos importamos. Somos boas pessoas, e fazer isso por alguém é uma forma de expressar nossa benevolência.

Certa vez, fui visitar um amigo que morava em uma pequena cidade. Parei em uma papelaria e perguntei: "Você sabe se há uma floricultura na cidade?" (Isso foi há muito tempo, antes que eu pudesse usar a internet.) O lojista disse: "Não, não tenho ideia."

Havia uma floricultura a uma quadra dali.

Suponho que o lojista estava cansado. Cansado de turistas, de não fazer uma venda. Então, fez aquilo. Ele provavelmente esperava que, sem flores, eu comprasse alguns cartões.

Ora, *com* flores, eu teria comprado um cartão. Mas sua brusca e egoísta resposta não lhe rendeu muita coisa.

Quando fazemos o trabalho *para* o público, colocamos porta afora a obsessão sobre como nosso trabalho será recebido por ele. Isso é com eles. Compete a nós ser generosos, tanto quanto soubermos ser, no trabalho que fazemos.

Eis uma pista bem simples sobre isso: com que frequência você recomenda um concorrente? Os autores divulgam os livros uns dos outros porque não procuram abocanhar todo o mercado e entendem que uma mentalidade de abundância favorece seu trabalho. Autores e outros criativos ativos assumem que nem tudo que oferecem é para todos. Sugerir enfaticamente uma alternativa a seu trabalho é um sinal de postura generosa, não obsessiva.

75. As Duas Obrigações

A primeira obrigação, como o blogueiro Rohan Rajiv nos ajuda a entender, é a que temos para com a comunidade. Ao confiar em nós mesmos para ser mais do que rodas dentadas invisíveis de uma enorme engrenagem (e talvez até mesmo antes dessa condição), incorremos em uma dívida. Temos um débito com as pessoas que nos estimularam, ensinaram, se conectaram e acreditaram em nós. Um débito com as pessoas que esperam algo da gente.

A PRÁTICA

Essa obrigação, entretanto, não tem o sentido inverso. *Ninguém nos deve coisa alguma.* Ou, se for o caso, é de nosso interesse agir como se não devessem.

Acreditar que algo nos é devido não deixa de ser uma forma de obsessão. É um chão em que nos apoiar, uma alça para agarrar sempre que sentirmos medo.

Ninguém nos deve aplausos ou agradecimentos. Nem dinheiro também.

Ao escolhermos trabalhar por razões generosas, e não por reciprocidade ou interesse, mas simplesmente porque podemos, deixamos de acreditar que os outros nos devem algo.

O sentimento de estar devendo acabará com nossa capacidade de fazer um trabalho generoso. Se o público aplaude de pé por obrigação, é difícil que valha a pena ouvir ou se lembrar disso.

Isso porque trabalhar com o olhar voltado para o que receberemos em troca nos afasta do sentimento da autoconfiança e nos arrasta de volta para a busca sem fim por garantias e um resultado perfeito. Passamos a crer na necessidade de garantias, e que o único jeito de obtê-las requer feedback externo e resultados. Com isso, nossos olhos são atraídos para o espelho, em vez de para o trabalho.

Ser grato não é problema nenhum. Mas acreditar que devemos gratidão é uma armadilha.

A sensação de estar em dívida (seja verdade ou não) é tóxica. Nossa prática exige que a rejeitemos.

76. A Generosidade da Arte

A criatividade que você coloca em seu trabalho é uma oportunidade de aprimoramento. Ela abre portas e acende luzes. Conecta desconectados e cria laços culturais. A arte transforma o destinatário, mesmo quando permite que indivíduos se tornem "nós".

Arte é a ação humana de fazer algo cujo resultado é incerto e pode não causar uma mudança. É o trabalho que importa. Feito para pessoas que importam.

Não para obter aplausos ou dinheiro. Mas porque podemos.

A arte resolve um problema para quem é sensibilizado por nosso trabalho. Esse é o ato generoso de acender uma luz. Não a luz que ajuda apenas você a ler, mas a todos que também estão na sala.

O negócio é o seguinte: envie sua arte para o público. Você já a viu, compreendeu e experienciou. No entanto, isso só não basta, porque sem compartilhar o trabalho, a mudança não pode acontecer. Não é o suficiente para agradar a si mesmo.

O restante de nosso processo trata da compreensão de como se tornar mais generoso. De como fazer mais arte, arte melhor, uma arte que seja corajosa.

Isso é feito entendendo como os sistemas funcionam, como o público pensa e como chegamos até aqui. Fazemos isso aprimorando nossa maneira de produzir e nos comprometendo ainda mais com o processo.

77. Perguntar "Por que" É um Ato de Coragem

Perguntar "por que" o ensina a ver como as coisas ficaram do jeito que estão. E também nos coloca no gancho, ou seja, significa que estamos abertos a ser questionados, e significa que, em algum nível, agora somos responsáveis por fazer algo em relação ao status quo. O profissional tem como responder às suas perguntas sobre o "porquê". Esse é um dos sintomas de ser um profissional. Uma vez que nos envolvemos com o processo de nosso ofício, o ciclo iterativo de envio, feedback e melhoria deixa atrás de si uma consciência vívida de todos os "porquês" respondidos anteriormente.

E *porque* harmoniza interesses — cada *"por que"* pode ser seguido por outro, até você chegar aos primeiros princípios fundacionais do trabalho.

Por que as capas dos livros de capa dura estão deste jeito? Por que os shows duram duas horas?

Por que precisamos de um escritório para nossa nova empresa? Por que o público de música clássica não aprecia a música contemporânea?

Perguntar "por que", ainda que se sinta desconfortável com as respostas, o força a olhar de verdade para alguma coisa. E isso não é apenas corajoso, é generoso.

78. Se Você Soubesse que Não Daria Certo, o que Você Faria?

Não há necessidade de saber os detalhes da prática antes de iniciá-la. Não conhecemos a receita porque não existe uma receita: receitas sempre dependem do resultado.

O resultado específico não é o principal orientador de nossa prática. A obsessão pelo resultado nos faz voltar para a busca de uma receita industrial, não é uma maneira de criar arte.

Quanto mais importante é o projeto que assumimos, mais difícil ter certeza de obter sucesso antes de começar. Podemos começar assim: *Se falharmos, a jornada terá valido a pena?* Você confia em si mesmo a ponto de se comprometer com um projeto, independentemente das chances de sucesso?

O primeiro passo é diferenciar o processo do resultado.

Não porque não nos importamos com o resultado, mas porque nos importamos com ele.

79. A Prática de um Punk

Há cem anos, Elsa von Freytag-Loringhoven, a original artista punk, que também era uma baronesa, criou uma obra de arte que causou sensação. Comprou um mictório em uma loja de suprimentos industriais, e seu amigo Marcel Duchamp o inscreveu em uma exposição de arte.

"Fountain" ["Fonte"] mudou o mundo para sempre. Representou uma mudança na arte, de ser feita à mão para ser feita à máquina, de antes da fotografia para a pós-fotografia. De certa maneira, isso representou o fim das belas-artes como artesanato.

Com o passar dos anos, Duchamp recebeu cada vez mais créditos pelo trabalho da baronesa, até que seu nome caiu no esquecimento. Ela, porém, continuou a provocar comoções. Pintou, foi pioneira nas artes performáticas e viveu comprometida com sua prática.

O roubo de Duchamp é imperdoável, mas o que é digno de nota aqui são a paixão e consistência de Frytag-Loringhoven.

Ela escolheu viver uma vida de arte, de explorar a penumbra, os pontos à margem da sabedoria existente.

80. Escolha Ir para Lá

Sua prática é uma jornada que o leva a um lugar. Um lugar com regras diferentes, desafios diferentes. Você sabe quando está naquele lugar. Não deve ter sido sua primeira vez ali. Um salto mortal, uma pirueta arriscada, aquele frio no estômago de estar solto no ar, nada de um lado, nada do outro.

Algumas pessoas evitam essa sensação. Por isso precisam de uma receita e querem garantias de que o trabalho que fazem vale a pena.

A prática requer de você buscar experiências de incerteza, de se colocar no lugar que lhe trará desconforto.

O Profissional

81. O Guarda-vidas Inseguro

Sim, a equipe de guarda-vidas alocada para a praia de Michigan já havia feito os testes para instrutor de segurança aquática, e até mesmo o Medalhão de Bronze [o segundo passo para a certificação de guarda-vidas] no Canadá, mas aquele ainda era o primeiro verão deles naquela praia. Cada guarda-vidas, no fundo, sabia que não seria difícil encontrar um nadador mais forte e uma alma mais corajosa.

Robin Kiefer tinha apenas 6 anos de idade naquele dia, mas já era um nadador precoce. A água estava convidativa, então Robin saiu de onde os familiares estavam agrupados e foi brincar nas ondas.

Mas quando ele passou a se debater no meio da água e afundou pela segunda vez, já não havia dúvidas sobre o que fazer. A guarda-vidas fizera a lição de casa: hesitante ou não, menos qualificada ou não, você cai no mar. Primeiro, caia no mar, faça seu trabalho.

Claro que ela estava insegura. Como poderia não estar?

A guarda-vidas não saltou sobre a água por ser uma nadadora perfeita ou por ter certeza de estar qualificada para resgatar a criança. Ela o fez porque era seu trabalho, porque era a guarda-vidas mais próxima disponível. Porque havia prometido que faria.

Quando os pais de Robin chegaram à beira da água, a guarda-vidas já o resgatara. Eles nunca ficaram sabendo o nome dela, mas décadas se passaram e nenhum deles havia se esquecido do que ela fizera.

Há uma ironia marcante aqui. Meio século antes, Adolph, o avô de Robin, havia quebrado o recorde mundial de nado de costas, e a empresa que leva o nome dele já vendeu mais boias salva-vidas do que qualquer um de seus concorrentes. E Robin está vivo para contar a história porque uma guarda-vidas insegura salvou uma criança que precisava ser salva.

Como qualquer um de nós pode ter certeza de alguma coisa?

E, no entanto, como alguém que se importa pode se conter?

82. Sim, É Você o Guarda-vidas

Peter Singer, que é especializado em questões de ética, nos coloca a seguinte situação. Você está indo para o trabalho e está usando sapatos de primeira, de couro, novos em folha, e então vê uma criança pequena de bruços em um riacho: você entraria naquela água rasa e salvaria a vida dela?

Claro que sim!

Não importa o que aconteça com seus sapatos, não importa quem é a criança. Você pode fazer isso e, portanto, deve fazê-lo.

Talvez seja menos dramático, mas essa conduta vale também para seu trabalho.

Uma ideia retida é uma ideia desperdiçada. É egoísta mantê-la só para si quando há uma chance de você ter algo a oferecer.

83. Preocupação

"Se o problema pode ser resolvido, por que se preocupar? E se não pode, preocupar-se não lhe fará nenhum bem."

SHANTIDEVA

Preocupação é a busca de uma garantia, tudo que nos faça sentir confiança para seguir adiante. É uma busca sem fim pela promessa de que o resultado valerá o esforço aplicado ao processo.

A preocupação é uma impossibilidade sem a obsessão. Ninguém se preocupa com o clima de Saturno, isso porque não há a expectativa de que o clima ali seja este ou aquele.

O tempo que gastamos nos preocupando é, de fato, o tempo que gastamos na tentativa de controlar algo fora de nosso controle.

O tempo investido em algo sob nosso controle é chamado de trabalho. Nosso foco mais produtivo está justamente aí.

Por não produzir confiança, a preocupação não é produtiva, e mesmo que gerasse confiança, ela não perduraria. Quando nos preocupamos, na verdade estamos nos escondendo do fato de que estamos vacilando em nossa prática.

Garantias são algo inútil.

E a razão é simples: precisamos de uma quantidade infinita de garantias, entregues todos os dias, para construir nossa confiança. Nunca será o bastante. Em vez de ir atrás de garantias e robustecê-las com preocupação, melhor seria escolher voltar ao trabalho.

84. Problemas de Bicicleta

Estou com dificuldade para aprender a andar de bicicleta.

Faz tempo que você pratica?

Mais ou menos cinco minutos.

Aprender pode demorar bem mais. Pode levar meses.

Quero aprender a andar de bicicleta, mas não quero cair nem uma vez.

Nem uma vez só?

Preciso ser capaz de andar de bicicleta com os olhos vendados.

Você já viu alguém fazer isso?

Não, mas minha musa interior diz que é isso que devo fazer.

Oh!

Quero ganhar uma corrida de bicicleta em um monociclo.

Não dá.

Não me diga que essa pessoa é a única que consegue mostrar esse jeito específico de andar de bicicleta para um grande público.

Acho que sim.

Mas essa é minha autêntica missão ao andar de bicicleta: ganhar prêmios derrotando todos os adversários em um monociclo.

Não há nenhum comprometimento do mundo com a sua missão.

85. No Gancho ou Fora Dele

Tradicionalmente, procura-se estimular as pessoas a contribuir deixando-as fora do gancho. Identifique sinais de genialidade. Abra-se à musa misteriosa. Incentive as pessoas a se sentarem em silêncio e permitir que outra voz assuma.

Tenho centenas de exemplos. Eis um de Bob Dylan, ganhador do Nobel: "É como se um fantasma estivesse escrevendo uma música como essa. Ele te dá a música e sai correndo, vai embora. Sei lá o que isso significa. Só sei que o fantasma me escolheu para escrever a música."[1] Isso não faz sentido. Não há nenhum fantasma. Dylan está nos enganando ou está enganado.

Nas muitas conversas minhas com criativos de sucesso, às vezes baixa um certo desconforto. Em tais ocasiões, eles se perguntam se olhar diretamente para sua fonte de inspiração a fará desaparecer.

É simples: a fonte não é outra senão o eu. Somos nós quando saímos da frente. Somos nós quando penduramos nosso *eu* no gancho. Não um fantasma. Você. Nós. O sistema industrial nos educou para evitar o anzol. Estar no gancho significa que você

---

[1] Robert Hilburn, "Rock's Enigmatic Poet Opens a Long-Private Door", *Los Angeles Times*, www.latimes.com/archives/la-xpm-2004-apr-04-ca-dylan04-story.html [conteúdo em inglês].

pode ser culpado, e ser culpado implica em que você corre o risco de ser despedido pelo que fez (ou não fez).

Todavia, para alguns de nós, estar no gancho é o melhor lugar para estar. Estou por conta própria. Nossa escolha, nossa vez, nossa responsabilidade.

Essa é a nossa prática.

O elemento ausente, para muitos, é nossa falta de confiança. Sentimos de alguma forma não confiarmos em nós mesmos o bastante para assumir essa posição porque é muito complicado, muito difícil, arriscado demais...

Tudo o que importa é algo que escolhemos fazer. Tudo o que importa é uma habilidade e uma atitude.

Tudo o que importa é algo que podemos aprender.

A prática é o somatório de escolha, habilidade e atitude. Podemos aprender isso e podemos voltar a fazer.

Não entregamos o trabalho porque somos criativos. Somos criativos porque entregamos o trabalho.

Não há necessidade de fantasmas.

86. Talento e Habilidade São Coisas Diferentes

Quem você pensa que é para fazer uma mudança? Quanta ousadia é qualquer um de nós se levantar e proclamar que gostaríamos de melhorar as coisas.

Esse tipo de trabalho é para os outros. Os talentosos. A todo momento nos fazem ouvir que talento é um recurso escasso e secreto que permite a alguns liderar, enquanto os demais devem aceitar docilmente o que lhes é oferecido.

Mas isso é confuso.

Talento é algo com o qual nascemos. Está em nosso DNA, um alinhamento mágico de dons.

Mas, e a *habilidade*? Ela é uma conquista. É aprendida, praticada e obtida a duras penas.

Insultamos um profissional ao chamá-lo de talentoso. Ele é, antes de mais nada, habilidoso. Muitas pessoas têm talento, mas apenas algumas se importam o suficiente para se expor plenamente e conquistar habilidade. Habilidade é mais rara do que talento. Ela é conquistada. E está disponível para qualquer um que se importe o suficiente.

Se você se aplicar com afinco em sua prática, será recompensado com melhoras: na sensibilidade, e em suas aptidões e capacidade de julgamento.

Steve Martin disse certa vez: "Eu não tinha talento. Nenhum."

87. Onde Está Sua Hora?

Entrar em forma, se você quiser, não é difícil. Passe uma hora por dia correndo ou na academia. Por seis meses. Pronto, está feito.

Essa não é a parte difícil.

O difícil é se tornar o tipo de pessoa que frequenta a academia todos os dias.

E assim é com encontrar sua voz. Nessa busca, táticas, instruções, o tipo de lápis — nada disso tem importância quando comparados a algo muito simples: confiar em si mesmo o bastante para ser o tipo de pessoa que se envolve no processo de entrega de um trabalho criativo.

Você é capaz de encontrar tempo em seu dia para uma ducha, se alimentar, tomar um café na cozinha, ler seus e-mails, olhar o celular, assistir à Netflix, ler o jornal, lavar a louça...

Mostre-nos sua hora investida na prática, e lhe mostraremos seu caminho criativo.

Você já sabe o que fazer para ser criativo. E já sabe como fazer.

Já fez isso antes, ao menos uma vez.

Ao menos uma vez você disse ou fez algo espirituoso, generoso e original. Ao menos uma vez você resolveu um problema ou ajudou alguém dando uma luz.

A prática simplesmente lhe pede para fazer isso mais uma vez, e fazê-lo com frequência suficiente para que se torne sua prática.

88. Mas Não Como um "Hack"

Há um bairro em Londres chamado Hackney. Séculos atrás, como a cidade era muito menor, Hackney era uma aldeia situada em seus arredores e que se especializara na criação de cavalos.

hack | **profissional**

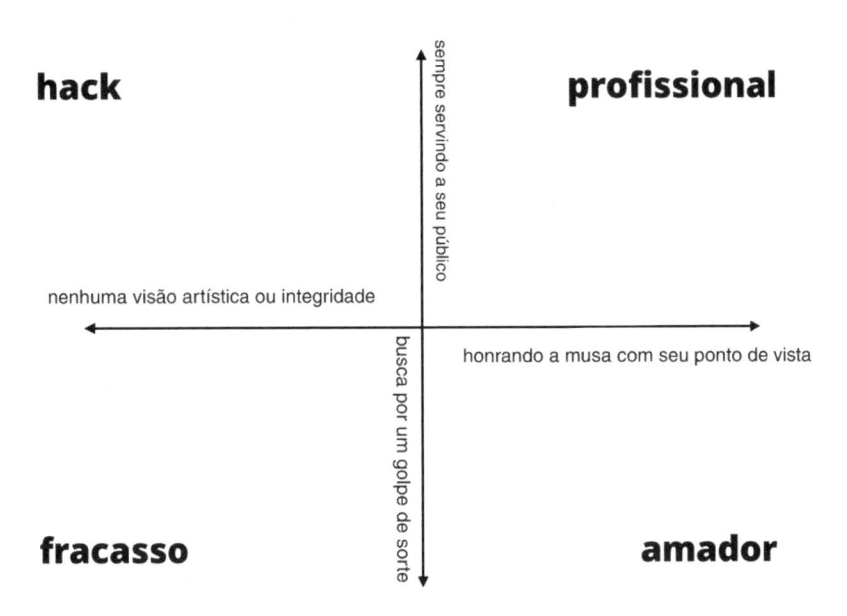

↑ sempre servindo a seu público

← nenhuma visão artística ou integridade | honrando a musa com seu ponto de vista →

↓ busca por um golpe de sorte

fracasso | **amador**

Não eram cavalos de corrida ou de exibição. Cavalos comuns. Cavalos baratos para clientes baratos. Cavalos bons o suficiente para serem vendidos, mas não de raça.

Geralmente, esses animais eram adquiridos para puxar carruagens que funcionavam como táxis. E daí surgiu o apelido dos taxistas em Londres: "hacks".

Hoje, um hack não é algo que você queira ser. Um hack é um "faz tudo", que aplica uma espécie de engenharia reversa no trabalho, desqualificando-o e mal conseguindo sobreviver. O hack não tem um ponto de vista firmado, não é assertivo a respeito de nada. Fica naquilo de simplesmente lhe dizer "Do que é que você precisa?", e "Qual o mínimo que tenho de cobrar para conseguir este show?", ou ainda "Como posso me safar dessa?"

É possível (e admirável, até mesmo heroico) ser um amador. O amador serve somente a si mesmo. Se houver mais pessoas presentes, ótimo, mas se você for um amador, seu trabalho não é para ninguém mais a não ser para você.

Você pode, porém, escolher dar um salto à frente, ser um profissional, ter uma prática. Para que você mostre a si mesmo quando a musa não estiver ali, para mostrar a si mesmo caso não a sinta por perto.

Mas, por favor, evite o caminho de se transformar em um hack. Evidentemente, trabalhar é melhor que não trabalhar, no entanto, a postura de abandonar seus padrões para conseguir tal tipo de trabalho pode, em um piscar de olhos, se tornar tóxica.

Após se dar conta de que não é necessário ser agraciado pela sorte e que a prática está disponível para qualquer um disposto a se comprometer, você pode escolher a vida de um profissional. Ou pode abraçar o caminho do amador envolvido com seu trabalho. A escolha, contudo, é uma bifurcação. *Um profissional não é simplesmente um amador que foi remunerado.*

89. Não É um Paradoxo

Mas também não é fácil.

Ir longe demais para agradar o público é receita certa para se tornar um hack. Perder seu ponto de vista, perder a razão de fazer o trabalho é receita certa para se tornar um hack. Concentrar-se apenas nos resultados é receita certa para se tornar um hack.

Por outro lado, ignorar o que vê e simplesmente criar para si mesmo é se afastar da empatia. Não havendo mudança, não há arte. O profissional entende a linha tênue que separa visão generosa de tentar controlar o resultado.

A melhor maneira de superar um paradoxo é pelo trabalho.

Entregue um trabalho criativo. Em um programa. Sem obsessões e sem garantias.

90. Fique Longe de Ser um Hack

> *"Deliberadamente [...] Quando ela descobriu que passava por cima das pessoas, ela foi além, deliberadamente, e a verdade é que ela passava por cima das pessoas."*
>
> DAVID CROSBY SOBRE JONI MITCHELL

E devido a isso reverenciamos Joni Mitchell quarenta anos depois, e mal nos lembramos de tanta coisa que tocava no rádio naquela época.

Artistas não ficam simplesmente olhando para o espelho retrovisor, nem apenas atendem a pedidos. Certa vez, Mitchell estava gravando um de seus álbuns ao vivo, e o público começou a pedir que ela cantasse algumas de suas músicas. Em voz alta, lhes perguntou se as pessoas pediriam a Van Gogh para pintar *Uma Noite Estrelada* novamente.

"Você tem duas opções", ela falou à *Rolling Stone:* "Pode permanecer você mesmo e proteger sua fórmula de sucesso inicial. Será sacrificado por permanecer o mesmo. Se você mudar, será sacrificado por mudar. Mas permanecer o mesmo é entediante. E a mudança é interessante." E concluiu, alegremente: "Então, das duas opções, prefiro ser sacrificada por mudar."

Líderes fazem arte, e artistas lideram.

91. Generosidade Não Significa Gratuidade

Não é incomum o mercado pressionar os criadores a disponibilizar gratuitamente seu trabalho. Nem é incomum, também, passarmos a acreditar que dar de graça, tirar o dinheiro da interação, é a coisa mais generosa que podemos fazer.

Trata-se, porém, de um engano.

O dinheiro dá condições para que haja comprometimento com a prática. Ele permite que nos tornemos profissionais, concentrar nossa energia e tempo no trabalho, e com isso impactar e conectar mais, não menos.

E o mais importante, dinheiro é a maneira como nossa sociedade exprime "estar alinhado". A pessoa que pagou por seu tempo e produto escassos tem uma probabilidade maior de valorizar, compartilhar e levá-los a sério.

Ser generoso não requer reduzir desgastes. Requer de nós levar bravura, paixão e empatia para quem desejamos servir. E para isso é necessário que haja tensão por parte do público.

É tentador se esconder em frases como: "O que você esperava? Era grátis..."

Muitas vezes, entretanto, o ato de cobrar pelo trabalho gera um resultado generoso, pois nosso trabalho visa efetuar mudanças, não nos tornarmos invisíveis e gratuitos.

92. Em Busca de Alinhamento

Muito do que buscamos não é realmente escasso em uma economia baseada na conexão, em vez de na indústria. Hoje em dia, as pessoas ficam online durante mais da metade de suas horas de vigília, em busca de conexão digital, entretenimento e acesso.

Sendo assim, pelo que vale a pena cobrar? E pelo que as pessoas pagam?

Se você está liderando, está à procura de alinhamentos, com pessoas que lhe digam: "Estou com você, confio em você e vou segui-lo aonde for."

Não é o que acontece na educação compulsória. As pessoas estão lá não porque querem, mas por precisarem estar. Elas buscam um diploma, não estão ali para aprender, ou por paixão ou magia.

Quando somos generosos em nosso trabalho, podemos atrair atenção e ganhar confiança, e com sorte encontraremos pessoas dispostas a nos acompanhar na jornada. Essas pessoas ficarão ansiosas em nos remunerar, pois lhes oferecemos algo escasso e precioso.

93. Rumo à Idiossincrasia

A palavra "peculiar" tem origem na ideia de propriedade privada. Mais especificamente, de dono de seu gado, de seu rebanho. Ninguém, a não ser você, pode manter o controle sobre seu rebanho. Trata-se de propriedade privada.

Nada é mais próprio, mais sua propriedade do que sua voz. Seus sonhos, medos e seu temperamento são características idiossincráticas suas. Na economia industrializada, que ensaia agora chegar ao fim, tratava-se, principalmente, de esconder as peculiaridades dos indivíduos. Ela se organizava em torno de engrenagens, peças substituíveis e uma jornada interminável rumo ao máximo de homogeneização possível.

Se você tinha voz, era pressionado a baixar o tom. Se queríamos saber sua opinião, teríamos que pedir por ela. Se quisesse fazer mudanças, deveria manter esse desejo sob rédeas curtas.

Acabamos de virar isso de ponta-cabeça.

Hoje em dia, os melhores trabalhos e oportunidades são aqueles cuja substituição é difícil. As peças fundamentais, aquelas que provavelmente farão falta.

Uma constatação das mais agradáveis é a de que, ao mesmo tempo em que a economia está recompensando a idiossincrasia, estamos descobrindo que é desse jeito mesmo que deveríamos ser.

Porque ser peculiar é natural. É benéfico.

As mudanças vêm, todas elas, de vozes idiossincráticas. Ao levar trabalho profissional fora do *status quo*, para as pessoas que precisam dele, você age de maneira peculiar: é específico, identificável e acionável.

94. Escolha Seus Clientes, Escolha Seu Futuro

A questão não está nas massas. O efeito colateral delas provocado por seu trabalho é bem-vindo, mas, para agradá-las, você tem que ficar na média.

Porque massa significa média.

Quando decidimos que a mudança que desejamos fazer depende da popularidade, quando estamos atrás de um sucesso, acabamos sacrificando nosso ponto de vista pessoal.

Em média, populações são monocórdicas. A inclinação pela média desbasta todas as arestas de maior interesse, solapando energia e possibilidades.

Veja Chip Kidd, o extraordinariamente bem-sucedido designer de capa de livros: o que o distingue de alguém com as mesmas habilidades e ferramentas dele?

Chip tem clientes melhores.

Clientes melhores exigem um trabalho melhor. Clientes melhores querem que você esteja um passo à frente, que colecione prêmios e supere expectativas. Clientes melhores pagam em dia. Clientes melhores comentam sobre você e seu trabalho.

No entanto, encontrar clientes melhores não é tarefa fácil, em parte porque não confiamos o bastante em nós mesmos para sentir que os merecemos.

Nos mercados em que organizações e trabalhadores estabelecem acordos temporários, as empresas que fazem o meio de campo para tais acordos, como Fiverr, Upwork ou 99designs, procuram clientes fáceis. Fácil para entrar, fácil para sair, mas nem por isso clientes melhores do que são agora.

Anos atrás, produzi um disco para uma dupla muito habilidosa. Batalhadores, muito aplicados em seu trabalho, eram comprometidos com sua arte. Para sobreviver, eles se apresentavam trezentos dias por ano e viviam em uma van, a cada dia indo para uma nova cidade, tocando em cafés ou onde houvesse uma oportunidade, e repetindo tudo no dia seguinte.

Em muitas cidades há alguns lugares como esses, e caso você tenha lançado alguns CDs e esteja disposto a trabalhar ganhando pouco, pode fechar acordos sem muita dificuldade.

Tais lugares não são bons clientes. Fácil de entrar, fácil de sair. E vamos para a próxima!

Minha ajuda a esses músicos consistiu em fazê-los entender que, ao trabalhar dessa forma, estavam escondendo sua arte e malbaratando seus esforços. O que eles precisavam fazer era ficar em uma cidade e ganhar fãs, tocar novamente lá e ganhar fãs, mudar para um local melhor e fazer de novo. E de novo.

Trabalhando para crescer com aquilo que iam ganhando: fãs.

95. Onde Estão os Grandes Arquitetos?

Há, nos Estados Unidos, mais de 100 mil arquitetos licenciados, em sua maioria alocados para trabalhar recorrentemente na produção industrializada. Sua formação os habilita a construir edifícios seguros, consistentes e eficientes.

Alguns deles, porém, escolheram estabelecer um padrão diferente para seu trabalho. Optaram por se tornar arquitetos para inventar, criar e desafiar o status quo. Eles estão empenhados em construir estruturas capazes de despertar admiração ou uma espécie de temor reverencial. Se você já esteve em um edifício planejado por um desses arquitetos, é provável que se lembre dele.

A lacuna entre o bom e o excelente é causada pela ausência de uma verdade simples: você não pode ser um grande arquiteto a menos que tenha excelentes clientes.

E, ao mesmo tempo, excelentes clientes raramente procuram arquitetos que aspiram ser apenas bons.

A PRÁTICA

Quando o cliente quer um edifício barato e fácil, dificilmente o arquiteto fica estimulado a realizar um trabalho que transcende os padrões normais. E quando o cliente deseja algo importante, sabe que contratar um arquiteto apenas bom é um erro.

Culpar os clientes é muito tentador. No entanto, o compromisso de ser um grande arquiteto também requer a atitude profissional de trabalhar com afinco para conseguir clientes melhores.

96. A Magia dos Clientes Melhores

Clientes melhores são exigentes. Se, por um lado, estabelecem prazos mais rigorosos, por outro, também pagam mais. Eles exigem um trabalho extraordinário, mas são mais respeitosos. E exigem trabalhos que possam compartilhar com os outros com orgulho. Clientes melhores também têm bom gosto.

Você sabe que existem clientes melhores. Já os viu por aí.

O truque é conquistá-los.

Não dá para ganhá-los fazendo um trabalho melhor para clientes ruins. Isso porque clientes ruins não querem que você faça um trabalho melhor. Eles não são clientes ruins à toa. Eles não querem um trabalho melhor. Querem uma mercadoria barata ou algo popular. Querem cortar caminho, ignorar prazos ou evitar o risco de fazer algo novo.

Você conquista clientes melhores ao se tornar o tipo de profissional que clientes melhores desejam. É um trabalho solitário e difícil. Um verdadeiro malabarismo: vá jogando para cima e pegando na volta — um dia a captura acontecerá por si.

Intenção

97. Nossa Intenção É Importante

Que mudanças você procura fazer? Por que razão se incomodar em se pronunciar ou tomar uma atitude senão para mudar alguém ou alguma coisa?

Certas pessoas se sentem muito desconfortáveis ao imaginar que seu trabalho mudará alguém. Com que direito, nos perguntamos, podemos levar isso adiante? Que autoridade temos para vir com tal intenção?

Se não houver intenção, é provável que também não haja mudança. Se não houver intenção, não é provável que as coisas melhorem.

A prática fica cada vez mais clara: se você se preocupa o suficiente para fazer a mudança, ajuda ser claro quanto à mudança que deseja fazer. Sancionar seu trabalho e reconhecer seu impacto fazem parte do ato generoso de ser criativo.

98. Uma Ação Intencional Deve Ter um Propósito

Quem você pretende mudar?

Que mudança está tentando fazer?

Como saber se deu certo?

Três questões simples, todas elas facilmente evitadas.

Nós as evitamos porque o propósito, quando não alcançado, passa a se chamar fracasso.

Pintar sua casa tem um propósito. Se ao término do trabalho ela ficar horrível, o trabalho foi péssimo. Esse é um tipo de risco que aceitamos correr sem grandes ponderações, pois, em geral, pintar a casa vale a pena. Geralmente dá certo. Não temos receio, desde o início, de estabelecer o propósito de pintar a casa, porque dificilmente faremos isso apenas por diversão.

Se vale a pena fazer, vale a pena estabelecer por que o faremos.

E uma vez que tenhamos estabelecido o motivo, estamos pendurados no gancho para manter nosso compromisso

99. Também É Preciso que Haja Empatia em uma Ação Intencional

Não fazemos o trabalho simplesmente para nós mesmos. Nós o fazemos para ajudar outra pessoa, para promover uma mudança.

INTENÇÃO

É por essa razão que o "quem" é tão importante.

Alguém que mora a milhares de quilômetros não tem interesse algum em como pintamos nossa casa. Essa pessoa nunca a verá ou saberá da existência dela. Não é algo que lhe diga respeito.

Digamos que seu cônjuge queira pintar a casa de rosa e seu vizinho detesta essa cor. Há aí uma escolha a ser feita.

Para quem é o trabalho?

Agradar a todos é uma possibilidade, mas a arte corajosa raramente tenta.

Richard Serra é um escultor. Sua obra não é feita para pessoas que não apreciam arte conceitual e contemporânea.

A Tiffany's não fabrica anéis para pessoas que acham que joias caras são uma exploração.

Procuramos criar uma mudança para aqueles a quem servimos. A maneira mais eficaz de fazer isso é tendo um propósito.

100. Quão Profunda É Sua Empatia?

Alguns artistas intuitivos trabalham simplesmente para si mesmos. Sua aposta é a de que, se o trabalho os move, moverá também quem for como eles. Eles não precisam, de forma alguma, agir inclusivamente, porque já existe um alinhamento bem-sucedido entre seus gostos e suas necessidades e os daqueles a quem procuram mudar.

Caso isso já esteja funcionando para você, parabéns. Você é um dos poucos. Profissionais não têm, em geral, esse luxo.

É importante notar que essa não é uma escolha moral — é simplesmente prática. Se você estiver comprometido com o processo, precisará escolher: para quem é e para que serve. E quanto mais você for diferente da pessoa a quem atende, de mais empatia precisará para criar a mudança que busca fazer.

101. Para Quem É?

Deixe-me dizer-lhe o seguinte: seus desejos são puros, a mudança é importante e tornará as coisas melhores.

E você provavelmente acredita que tudo seria melhor se todos estivessem no mesmo barco.

Mas nem todos estarão.

Nem todos lhe darão ouvidos. Não o entenderão. E, acima de tudo, não tomarão atitude alguma.

Em um dado momento, porém, talvez eles mudem. Alguns deles, ao menos.

A cultura não é estanque. Cedo ou tarde, muda.

Não porque você trouxe uma ideia para todo o mundo. Mas porque o fez para seus amigos, familiares e conhecidos. Mudanças generalizadas sempre acontecem assim.

Primeiramente, da fonte; depois, dos lados.

INTENÇÃO

102. Quem Você Pode Alcançar?

Como é possível que três vaqueiros pastoreiem mil cabeças de gado? Fácil. Eles não pastoreiam.

Eles tocam dez animais, esses dez influenciam cinquenta, e estes contagiam o resto do rebanho.

É assim que cada movimento, produto ou serviço tem se espalhado e mudado o mundo.

E assim ignoramos tudo o mais. Ignoramos as massas, os críticos egoístas e aqueles que adoram o status quo.

Primeiro, encontre dez. Dez pessoas que se importam o bastante com seu trabalho para alinhar-se com você na jornada e, em seguida, trazer outras para trilhar o mesmo caminho.

103. Não Dá para Conseguir Todo o Mundo

Mas você pode escolher quem alcançará. Se você sensibilizar essas pessoas, elas sensibilizarão outras.

E então começa o "para quem é?"

Após ter escolhido o pequeno grupo ao qual contará sua história, aquele que pretende mudar, você o torna seu foco de ação.

Em que eles acreditam? O que eles querem? Em quem confiam?

Qual é a narrativa deles?

O que contarão aos amigos?

Nesta fase, quanto mais conciso e centrado, maior a probabilidade de você estar apto para fazer a mudança acontecer.

De novo a questão da empatia. A empatia prática de criar um trabalho que repercuta nas pessoas que você procura servir.

104. Cada Vez Mais Específico, Por Favor

E então vem a armadilha. Ela está na falta de especificidade. Na indeterminação, na indefinição, na vaga generalidade.

A mudança que você promove é importante demais para ser desperdiçada com *a maioria das pessoas*. Quais pessoas?

Precisamente, quais pessoas?

Em que elas acreditam? Quem as magoou, traiu, desapontou? Quem as inspira, as deixa ciumentas? A quem amam, e por quê?

"Eleitores" é não específico. "A família Lane na zona rural de Virgínia" é específico.

(Um aparte: se isso é tão óbvio, se isso tem sido afirmado há décadas, e se é nisso que nossa cultura de mídia se baseia, por que é tão difícil de ser adotado pelo criador individual? É porque isso nos coloca no gancho. Se criamos algo para a família Lane e ela o rejeita, bem, é um bocado devastador. Mais fácil, pode parecer, é ser mais geral. Mais fácil, mas menos eficaz.)

Pessoas afinadas com coisas assim adorarão o que estou fazendo.

105. Para Quem É?

Para quem é o próximo álbum de David Byrne? Destina-se à pessoa que ouviu "Burning Down the House" no rádio em 1983, ou é para o fã inveterado que comprou seus três últimos álbuns?

Para quem é a Fashion Week? Para a mulher que trabalha lá e está à procura de algo elegante para vestir na semana que vem, ou se destina a atrair uma centena de jornalistas e pessoas ligadas nas últimas tendências? Para quem é este PowerPoint? Ele se propõe a mudar a opinião de todos na reunião? É para gerar um rascunho em papel para que seis meses mais tarde o chefe possa dizer a todos que já haviam sido avisados? Ou para envolver os mais detalhistas que passam seu tempo discutindo com o CEO com argumentos emocionais?

Para quem é a bolsa Hermès Birkin? E quanto à Fox News? Quem está fazendo doações para a United Way? Para a Room to Read? [ONGs de filantropia e incentivo à leitura, respectivamente]. Não é para todo o mundo.

Está bem, isso é óbvio.

E quanto ao seu projeto, sua apresentação, sua organização? Para quem é?

Sabendo para quem se destina, fica mais fácil assumir que temos a capacidade e a responsabilidade de trazer mudanças positivas para essa pessoa. Não para todas as pessoas, nem para criar algo além da crítica, mas para essa determinada pessoa, esse conjunto de crenças, essa tribo.

No momento em que puder se colocar no gancho para se comprometer com quem está servindo, você terá condições de encontrar a empatia para fazer algo por eles.

106. Servindo ao Trabalho

O processo de ação intencional requer deixar de lado aquilo de que nós precisamos para podermos nos concentrar naquilo de que o trabalho precisa. Nosso cliente é o trabalho, e a ele devemos estar comprometidos.

Esse compromisso sujeita-se a ficar fora de controle. O trabalho sairá prejudicado no caso de estarmos não equilibrados, incapazes de manter nossos esforços.

Não raro nos encontramos no outro extremo, buscando confiança ou gratificação pessoal, esquecendo a razão primeira pela qual criamos o trabalho.

O trabalho é seu cliente. Ele o contratou para auxiliá-lo a fazer com que a mudança aconteça. Receber um pagamento devido ao nosso trabalho pode nos confundir, pois pode parecer que tudo o que precisamos fazer é servir a quem tem o talão de cheques nas mãos. Essa, no entanto, é a estratégia de um hack, a qual dificilmente leva àquilo que nos propusemos a realizar.

Há uma tensão, provocada por aquilo que o trabalho deseja em relação a aquilo que a pessoa que paga deseja. Transitar pela lacuna causada por essa tensão é o trabalho de criação de nossa arte.

INTENÇÃO

De um lado, o eu, o seu *eu*, tem uma visão de futuro possível. Do outro, a pessoa que está procurando servir e liderar traz um conjunto de expectativas e desejos para seu trabalho. Nunca haverá um alinhamento perfeito entre as duas visões, e esse atrito é o lugar onde seu trabalho pode prosperar.

Quando alguém precisa de uma broca, temos de entregar uma broca. Contudo, se alguém quiser explorar uma nova fronteira, necessitará de nossa ajuda para encontrar um caminho criativo a seguir. E aí é que reside seu ponto de vista e sua contribuição.

Nós agimos em nome do trabalho, e quando o fazemos, podemos descobrir que o próximo cliente está ainda mais ansioso para se alinhar à jornada que buscamos liderar.

107. Alguém, Não Todos

Se você está construindo uma guitarra, cultivando uma orquídea ou vendendo um carro elétrico, por que se preocupar com a opinião de *todo o mundo* a respeito disso?

A mim me parece que sua preocupação deve se restringir apenas à opinião daqueles que de fato se interessam por essas coisas.

Alguém, não todos.

Ao definir o grupo de interessados, a questão agora é como oferecer a eles a melhor versão do trabalho. Em vez de colocar seu caminho em xeque generalizando seu público, como se valer desse grupo menor para desafiá-lo a ir em outra direção? Em direção ao melhor, em vez de mais?

As pessoas que de fato se interessam estão cansadas de serem ignoradas e estão ansiosas para torcer por você.

Mas primeiro é preciso que você se afaste dos demais.

108. Atravessando Fronteiras Econômicas

Ponha-se no lugar de alguém, nos Estados Unidos, encarregado de arrecadar fundos para uma faculdade. Essa pessoa ganha pouco mais de um salário mínimo e está ocupada tentando obter doações de US$2 milhões de bilionários.

Ao descrever o edifício que gostaria que eles batizassem com o nome deles, você provavelmente pensaria: "Isso é loucura. Se eu tivesse US$2 milhões, não os gastaria de jeito nenhum para dar meu nome a um edifício."

Trata-se de um pensamento egoísta, decorrente da falta de empatia e de uma compreensível falta de experiência em se colocar na pele de um bilionário.

Uma postura mais generosa seria: "Essa pessoa é um bilionário. Ele tem cada brinquedo, casa, avião que poderia desejar. Pode, quem sabe, lhe faltar status e legado. O que talvez signifique mais que qualquer outra coisa para ele agora é saber que, pelos próximos cem anos, gerações de jovens inteligentes e promissores estarão dizendo seu nome. Para ele, US$2 milhões é café pequeno."

INTENÇÃO

Observada sob esse ângulo, nossa hesitação está, de fato, escondendo o medo, porque não vemos o mundo do jeito que a pessoa com quem lidamos o vê.

Em uma situação diametralmente oposta, considere o empreendedor social que está trazendo lanternas solares ou água potável para uma zona rural não ligada à rede de distribuição. Para um empreendedor, trata-se de um produto irresistível para oferecer. Por menos de um dólar por dia, uma família pode ter água potável, evitar adoecer e poupar as horas que atualmente passam buscando a água de que necessitam para viver. Ou, tão convincente quanto, ao mesmo custo de um mês de querosene, essa mesma família pode ter uma lanterna solar que dura dois anos, é mais brilhante, mais limpa e também carrega seu telefone celular.

E, no entanto.

No entanto, são poucas as pessoas que o fazem. Isso porque, em sua empolgação, o empreendedor não conseguiu enxergar o mundo da forma como o potencial cliente o enxerga.

Talvez o medo provocado por uma nova tecnologia baste para alguém hesitar e ficar esperando que um vizinho tome a dianteira.

Talvez o respeito pelos pais e mais velhos faça com que o morador não queira deixar a tradição para lá tão rapidamente.

Talvez a exposição de ser o primeiro deixe o morador desconfortável. Ou talvez tomar a iniciativa seja considerado algo temerário, tornando o morador mal visto pelos vizinhos.

O processo de entregar um trabalho criativo requer que, de fato, levemos em conta sonhos e desejos dos que buscamos servir.

Após entender o que nosso grupo deseja, temos uma escolha a fazer. Podemos construir com empatia e trabalhar em cima dos sonhos dele, ou verificamos que a visão que temos não é para eles, e escolhemos fazer outra coisa para outro grupo de pessoas.

Para que as mudanças aconteçam, precisamos deixar de fazer coisas para nós mesmos e confiar no processo, o qual nos permite fazer coisas para outras pessoas. Necessitamos da empatia prática de perceber que os outros não veem o que vemos, e nem sempre querem o que queremos.

109. Para que Serve? A Segunda Pergunta...

Uma vez estabelecida a mudança, feitas as definições e sabendo para quem é o trabalho, temos pela frente outra pergunta, simples e recorrentemente colocada até descobrirmos qual será a próxima etapa.

Para que serve este elemento de nosso projeto?

Essa é uma ação intencional.

Cada um dos elementos tem um propósito. Se você não sabe quais são, como fazer o trabalho para alcançá-lo?

De novo: é fácil decidir evitar ser claro sobre "para que serve". Se você tornar público o que algo supostamente deve fazer, é difícil impedir uma sensação de fracasso caso dê errado.

INTENÇÃO

Em uma ponta, não faltam na escola de engenharia construtores talentosos que informarão com orgulho que aquele viaduto não ruirá. É a matemática.

Ao mesmo tempo, no mundo dos escritores, muitas vezes há vários romancistas incipientes incertos sobre o sucesso ou não de seus livros. Isso em virtude de não haver nenhuma matemática envolvida. Na ausência dela, é fácil desviar-se do propósito a que nos propusemos.

Contudo, só porque não podemos ter certeza, desistir não deve ser uma opção.

110. O que os Engenheiros Sabem

Tudo tem uma função. Cada elemento do viaduto ou da espaçonave está ali por um motivo, ainda que decorativo.

Quando os engenheiros da NASA reuniram a carga útil para um foguete Apolo, tiveram total clareza sobre as escolhas que fizeram — o que levar, o que deixar de fora.

Tudo tem peso, tudo ocupa espaço. Nada acontece em um módulo lunar sem um motivo verdadeiramente bom.

Uma ação intencional exige um motivo verdadeiramente bom. Descubra para quem, defina procedimentos e execute seu trabalho para cumprir seu intento.

Não se pode encontrar um bom motivo sem saber o que se está tentando realizar.

111. Exemplo Simples: Um Recepcionista

Todos os dias, milhares de indivíduos vão trabalhar como recepcionistas.

Eles se sentam atrás de uma mesa, cumprimentam as pessoas e fazem o que recepcionistas sempre fizeram.

Mas para que isso serve?

Afinal, com campainhas eletrônicas, celulares e centrais telefônicas, não há realmente nenhuma exigência de que seres humanos sirvam como recepcionistas todos os dias. Em muitas empresas, já não há tal cargo.

Não é difícil qualificar-se para essa função. Basicamente, você precisa ser alguém apresentável e atento. Sente-se à sua mesa e certifique-se de que os visitantes não roubem os móveis ou entrem porta adentro sem autorização.

Mas, e se você quisesse ser um excelente recepcionista?

Se definirmos a contribuição de recepcionistas em termos de "para que isso serve", então se revelar um excelente contribuidor não é algo complicado. Eu começaria entendendo que, além de manter os convidados desacompanhados longe da porta principal, recepcionistas podem ter um grande impacto no marketing de uma organização. Se alguém está visitando seu escritório, veio por um motivo: vender ou comprar algo, entrevistar ou ser entrevistado. Não importa a razão, há algum tipo de negociação envolvida. Caso a pessoa na recepção possa exercer certa influência sobre o visitante, coisas boas acontecem (ou, se der errado, coisas ruins).

INTENÇÃO

Você acha que o candidato a um emprego cuja primeira impressão é positiva tem mais chances de ser contratado? Acha que o fiscal pode ser um pouco mais amigável se for saudado com simpatia ao chegar na recepção?

Então, excelentes recepcionistas começam agindo como um vice-presidente de Recepção. Eles poderiam solicitar que o orçamento da companhia reservasse uma pequena verba para bombonieres disponíveis e ao alcance de um visitante mal-humorado. Ou, para ser realmente incrível, que tal assar uma fornada de biscoitos a cada poucos dias? Eu pediria a toda a organização atualizações sobre quem está vindo a cada dia. "Bem-vindo, Sr. Santos. Chegou bem a São Paulo?"

Há uma TV na recepção? Sintonizada em um canal de notícias ou entretenimento?

Por que preciso perguntar onde fica o banheiro masculino? Quem sabe possa haver ali um discreto indicador.

E naquele meio-tempo sem visitantes, que tal aproveitar a oportunidade e navegar na web à procura de notícias positivas recentes sobre sua empresa. Você pode juntá-las em um pequeno fichário para que eu possa ler enquanto estou esperando. Ou faça um apanhado de organizações locais que seus colegas ajudaram trabalhando voluntariamente.

Uma recepcionista incrível que conheci era especializada em fazer comentários em voz baixa a respeito da pessoa que você iria conhecer. As informações que ela lhe daria o fariam sentir-se preparado antes mesmo de entrar. "Você sabia que Don ganhou uma nova netinha na família na semana passada? Ela é muito fofinha. Chama-se Betty."

Agora que está claro para que serve o trabalho de recepção, fica bem mais fácil exercê-lo de acordo.

Porque, como quase tudo que fazemos, não se trata apenas de trabalho. *Serve para alguma coisa.*

Sim, as objeções são óbvias. É necessário haver confiança. Ou o chefe não confia que a pessoa na recepção está acima da média, ou, mais provavelmente, essa pessoa não confia em si mesma o suficiente para reivindicar essa condição.

112. Bem-vindo ao Green Mill

Se você estiver em Chicago, fechar os olhos e visualizar um "dive bar" — um daqueles bares nada atraentes, instalações sem capricho algum, um ar de desleixo no atendimento, que servem praticamente só bebidas —, poderá estar imaginando o Green Mill. Cada centímetro quadrado é exatamente o que você esperaria. Tem até aquelas camadas de tinta velha e gasta sobre tinta velha e gasta.

Nas noites de segunda-feira, porém, o lugar se transforma. Às 21h, o gerente sobe no pequeno palco e pede silêncio à multidão. A maioria das pessoas lá já sabe o que está acontecendo. Algumas vieram de locais distantes como Mumbai para ouvir Patricia Barber e seu trio tocar jazz naquela noite.

INTENÇÃO

Para os que acabam de chegar, as regras são claras: segunda-feira é a noite de Patricia, e se você não está aqui para ouvir música, este é um bom momento para ir embora. Porque nas próximas cinco horas, um pequeno grupo de pessoas acompanhará a apresentação de um conjunto de jazz no auge, em uma performance arrasadora, em tempo real.

Uma lenda do jazz como Patricia pode vender o Jazz Standard em Nova York. O que ela está fazendo nesse barzinho em Chicago? Talvez cem pessoas possam amontoar-se para ouvi-la, e o fazem quase todas as segundas-feiras do ano.

Patricia explica que aquela é sua sala de estar. Sua gente está lá. Não turistas ou caçadores de celebridades, mas conhecedores de jazz. Pessoas que trilham o mesmo caminho que Patricia quer liderar.

Patricia não fica preocupada em cometer um erro quando se apresenta no Green Mill. A mídia social não toma conhecimento. E ela não precisa manter suas músicas curtas, ou otimistas, ou em certo tom.

Patricia está aqui pela música, assim como o público.

O alinhamento entre "o que" e "para quem" é o primeiro passo. A sintonia com as pessoas na sala lhe permite começar a trabalhar imediatamente. E então a música se faz presente, porque Patricia criou as condições para que ela possa florescer.

113. Seis Exemplos Simples de Perguntas

É uma bicicleta cara. Para que serve a roda de fibra de carbono?

Qual é o título para este anúncio na revista?

Para que serve o botão Salvar no processador de texto?

Qual é o aviso do aeroporto para alertas de segurança?

O que é a seção "cartas do leitor" do jornal?

O que é um enorme gramado na frente de uma mansão em um bairro nobre?

Se você for fundo nessas questões, poderá descobrir que muito do que descobrirmos não tem a ver com o que pensamos que tenha.

Na verdade, aquela roda cara da bicicleta está ali para lembrar ao comprador que seu dinheiro foi bem gasto. Isso pode significar que produz mais ruído, tem aparência exótica ou que é frágil. Deixar a bicicleta mais robusta e ser incomparavelmente mais rápida é possível, mas não uma obrigatoriedade.

O título do anúncio da revista existe para fazer com que a pessoa certa continue lendo (e para que a pessoa errada vire a página). Ademais, ele é projetado para predispor o leitor a reagir favoravelmente ao texto que vem a seguir.

Os anúncios do aeroporto destinam-se a proporcionar a sensação de familiaridade, não atenção. Sua função é criar um pano de fundo sonoro que faça o aeroporto parecer um aeroporto. Ou talvez existam para causar nos burocratas um sentimento de ação ou negação.

A seção de "cartas do leitor" do jornal foi projetada para criar a ilusão de que os editores se importam com o que os leitores pensam. Em particular, aqueles que gostam de escrever cartas para o editor.

E o extenso gramado na frente da casa luxuosa em um bairro nobre é uma demonstração intencional de desperdício. A questão aí é a natureza não produtiva (e onerosa) do gramado.

114. Um Processador de Texto Deve Ter um Botão Salvar?

Se o software foi desenhado para fazer o novo usuário se sentir confortável, então deve funcionar exatamente como o software com o qual ele já está acostumado. O objetivo do botão Salvar é garantir ao novo usuário que tudo ficará bem.

Porém, se a função do design é solucionar os problemas de processamento de texto de um usuário comprometido, então nem deveria haver um botão Salvar. Isso porque a finalidade de um processador de texto é permitir que as pessoas escrevam, e salvar o que foi escrito é um elemento-chave dessa tarefa. O software tem plenas condições de salvar o texto de maneira autônoma. E o espaço no disco rígido é barato o suficiente para que possamos salvar centenas de versões, e com isso, lembrar de salvar o documento não faz mais parte do que o usuário deve fazer.

Raciocinando um pouco mais adiante, é inteiramente plausível que o "para que serve" do design do software seja de tal modo generoso e atencioso, que os usuários não têm como não comentar sobre o software com seus colegas. Ou seja, o design do software é o marketing do software. Nesse caso, em cada interação com o usuário, o software demonstra ser incrivelmente inteligente e notavelmente poderoso para responder ao "para que serve".

Mas não é apenas isso. É necessário criar uma dinâmica de compartilhamento de modo a atrair outros usuários, o que faz com que o software funcione melhor justamente por estar sendo compartilhado.

Um software como esse, portanto, deve ser do tipo usual e cuja existência nem é percebida, ou, se o for, que seja para espalhar a palavra pela conectividade e prazer.

Dois caminhos diferentes, em que cada um deles requer que o designer seja claro para a equipe sobre suas respectivas características.

115. E Quanto ao Recital de Dança?

Uma coisa é um engenheiro de software envolver-se em uma interação de quem, o que e por quê, outra é quanto a aquelas pessoas sensíveis cuja escolha foi trabalhar nas artes.

Cem anos atrás, Sonia Delaunay era uma conceituada artista contemporânea. Pioneira do Orfismo, uma escola de pintura, ela mudou a maneira como as pessoas viam as cores e a geometria na arte moderna. Afastando-se dos padrões do naturalismo e de uma abordagem tradicional em sua arte, passou a expandir a maneira como o cubismo e a cor poderiam se unir para fazer a mudança acontecer.

"Por volta de 1911, me veio a ideia de fazer para meu filho recém-nascido um cobertor com retalhos de tecido como os que eu tinha visto nas casas dos camponeses ucranianos. Ao vê-lo concluído, o arranjo dos pedaços de pano me pareceu evocar concepções cubistas e [eu] tentei aplicar o mesmo processo a outros objetos e pinturas."

Ali estava, subentendido, o compromisso de provocar mudanças com seu trabalho. Em vez de tentar se adaptar, ela optou por se destacar. Em vez de fazer pinturas para agradar aos céticos, fez arte para pessoas que se alinharam para trilhar o caminho do novo. Ela entendeu o gênero em que trabalhava, as pessoas que se interessaram por ele e os locais onde poderia ser visto e apreciado. Delaunay agiu tão intencionalmente quanto qualquer engenheiro, arquiteto ou designer de software.

116. Buscando Autoridade Moral Ilimitada

Totie Fields estava zangada. E concentrava toda sua ira em mim e em minha mãe.

Não é fácil ser comediante, ainda mais se você é mulher e o ano for 1973.

A PRÁTICA

Em 1973, Totie era uma das mais famosas comediantes dos Estados Unidos, aparecendo na série de TV de Carol Burnett e em programas noturnos de entrevistas. Isso lhe proporcionou uma apresentação em um grande local em Buffalo, cidade onde cresci. Minha mãe, certamente desconhecendo o que viria, me levou junto.

A atuação dela não foi nada parecida com suas performances na televisão. Sua atuação foi melancólica. Pelos padrões atuais, diria que foi maçante, mas minha mãe ficou meio que horrorizada. Com vinte minutos de apresentação, ao ver outros pais saírem com seus filhos, nos levantamos para sair.

Quando já estávamos próximos da saída, Fields interrompeu sua atuação e gritou: "Acendam as luzes da casa."

Tal como os prisioneiros sob os holofotes em todos os filmes de fuga, ambos congelamos.

Totie passou os minutos seguintes (embora para nós parecesse uma hora inteira) lamentando nosso descaso com sua apresentação, dizendo que trabalhara arduamente e como éramos rudes em não ficar até o final do show.

Totie Fields queria que cada pessoa ali presente sentisse o que ela queria que sentíssemos.

Isso é um erro, é claro. Não é possível fazer as pessoas sentirem o que você quer que elas sintam.

Tudo que nos cabe é escolher as pessoas certas, apresentar-lhes o trabalho certo da maneira certa com a intenção certa e, então, deixar que mudem seu estado emocional.

INTENÇÃO

Temos que confiar em nós mesmos e, aí então, temos que confiar nas pessoas a quem servimos.

A confiança será recompensada muitas e muitas vezes.

117. A Musa, o Medo, Seu Trabalho e Seu Serviço

É muito tentador evitar o "*o quê*".

De fato, a justificativa mais honesta para não responder "para que serve" é "estou com medo".

E esse é o melhor motivo para fazer a pergunta. Para descobrir que, apesar de acreditarmos estar trabalhando para alcançar um objetivo, seja ele qual ostensivamente for, na verdade, estamos é nos escondendo.

O esconder assume várias formas, porque temos a sensação de que a fonte de nossa criatividade pode minguar se a olharmos muito de perto. Ela se encolhe, desvanece e se recolhe em si mesma sempre que pode.

Não há nada de condenável em optar por ir a uma conferência para se distrair ou se esconder do trabalho. No entanto, se o "para que serve" for aumentar seus contatos e sua confiança em sua área de atuação, sentar-se no fundo da sala e se isolar só pode ser descrito como fracasso.

Recorrer ao "para que serve" lhe permite escolher trabalhar e fazê-lo de maneira eficiente rumo a determinada meta, sempre que você decidir que se trata de algo importante o suficiente para fazer a pergunta.

E permite que estejamos abertos a feedbacks úteis.

No caso de você estar indo para Huntsville, não há problema algum em pedir informações. Você não se ofenderá se alguém lhe disser que pegou o caminho errado. Não é nada pessoal nem causa consternação. Nada mais é que um aviso oportuno e um conselho sobre como chegar a seu destino.

Isso não tem como acontecer se você não quiser nos dizer aonde pretende chegar.

118. Você Pode Ver o Paradoxo

Por um lado, ignorar o resultado, os números das bilheterias e as críticas famosas é uma necessidade, porque se ficarmos obcecados por eles, interromperemos nosso processo, perderemos nosso ímpeto e, por fim, esgotaremos nossa vontade de ser criativos.

Mas, por outro lado, existe de fato uma diferença entre um trabalho bom e um trabalho ruim. Há um ponto crítico nos esforços que aplicamos em nossa caminhada, e a mudança que desejamos fazer envolve empatia pelos outros — não podemos estacionar no solipsismo de fazer o que quisermos.

Esse paradoxo é inerente à nossa prática: não devemos fingir que não existe, mas, sim, conviver com ele.

INTENÇÃO

119. Uma Peneira Subconsciente

É perfeitamente possível crer que suas ideias são inspiradas pela musa e que seu trabalho consiste apenas em amplificá-las. E, ainda, que as pessoas bem-sucedidas são bafejadas pela sorte, pois a musa lhes fornece, sem cessar, ideias úteis e poderosas.

Não tenho certeza de que é isso que acontece com gente de sucesso. Todos nós somos abastecidos com um suprimento infinito de ideias, percepções e pressentimentos. Com frequência, e sem ter noção disso, as pessoas de sucesso descartam o que provavelmente não funcionará e se concentram nos projetos com maior chance de alavancar sua missão.

Às vezes chamamos isso de bom gosto.

É possível melhorar essa peneira. Falando em voz alta. Pondo no papel os fatores que você procura, ou até mesmo explicando para outra pessoa como sua área de atuação funciona.

O instinto é algo ótimo. E se dá ainda melhor quando você trabalha nele.

120. Para que Serve?

Temos uma reunião marcada para as 16 horas. Está bem. E para que ela serve?

Bem, sempre temos essa reunião...

Então, o "para que serve" se resume a manter as coisas como são, pois isso é mais fácil do que correr o risco de não ter a reunião. O objetivo da reunião é assegurar que as pessoas que apreciam a reunião não fiquem chateadas.

121. Design First – Adotando a Mentalidade de Intenção

Mindfulness é uma técnica saudável, profissional e nos permite ser o nosso melhor.

E também é extremamente difícil de aplicar, em especial em uma cultura que valoriza as ocupações acima de qualquer outra coisa.

No entanto, mindfulness não é o oposto de ocupado.

Mindfulness requer intenção. Mindfulness é a prática de simplesmente fazer o trabalho. Sem comentários, sem conversa fiada, sem medo.

Para simplesmente fazer nosso trabalho.

A forma mais fácil de agir assim é deixar claro o propósito do trabalho. Isso porque, se o propósito for acompanhar um processo (algo sobre o qual temos controle), poderemos nos ater ao processo, não à incerteza que nos desvia do caminho.

Recebi um recado de uma leitora, Gina, há pouco tempo. Ela escreveu: "Em uma anotação que fiz, em 2016, seu livro *O Melhor do Mundo* me ajudou a perceber que eu estava tentando criar um

INTENÇÃO

negócio apenas para ter tempo para ser escritora. Dispensei o intermediário e comecei a escrever. Em dois anos, consegui me tornar uma escritora freelancer e pesquisadora/verificadora de fatos para crianças e adultos, em tempo integral."

A lição aqui é simples: ao voltar a focar o propósito do trabalho, Gina foi capaz de voltar ao trabalho. Ao trabalho que ela sempre queria fazer.

Fazemos nosso melhor trabalho com intenção.

122. Para que Serve?

Temos uma nova campanha publicitária. Fabuloso, para que serve?

Bem, temos excelentes atores e um novo logotipo, e espere até você ouvir a trilha sonora.

Claro, parece ótimo; deve ter exigido muito esforço, mas para que serve?

Nosso objetivo é atrair mais compradores para as lojas. Entendi. Como esse anúncio faz isso?

123. Criancinhas Não Entendem

Ei, garotinho, por que você está chorando? Para que serve essa birra? Ele não faz ideia. É uma criancinha. Uma criancinha é autêntica.

A PRÁTICA

A característica fundamental de quem não se encontra em mindfulness, ou seja, que não se mantém em concentração total, é reagir, atacar, passar o tempo sem propósito ou desocupado.

Todos trabalhamos com intenção, ao menos um pouco. A oportunidade aqui é passar do ocasional para uma prática regular.

Podemos voltar, recorrentemente, a esta simples narrativa:

1. Esta é uma prática.
2. Ela tem um propósito.
3. Desejo criar mudanças.
4. A mudança é para alguém específico.
5. Como posso fazer melhor?
6. Tenho como insistir por tempo suficiente para fazer tudo de novo?
7. Repita.

124. Para que Serve?

Há uma regra muito clara para viajar de avião nos Estados Unidos: ao passar pelo raio-X, você não pode colocar seu cinto na mesma caixa que seu notebook.

Está bem, mas para que serve? É para tornar o voo mais seguro.

Sério? Como manter meu cinto em outra caixa me faz voar com mais segurança?

Bem, na verdade é para criar um ambiente de obediência e ansiedade difusa, o que faz com que algumas pessoas se sintam mais seguras ao voar.

Ah, entendi. Se é assim, vá em frente.

125. Autenticidade É uma Armadilha

Há pessoas que buscam uma postura de confiança usando uma abordagem simples: diga o que lhe parece ser verdadeiro. Compartilhe seus sentimentos mais íntimos, seja fiel a si mesmo e, acima de tudo, seja autêntico.

Isso não só levará a decepções, como é algo impossível.

Não há nada de autêntico no que você fará a seguir, seja lá o que diga, faça ou escreva. Essas atitudes são simplesmente um esforço calculado para se envolver com outra pessoa, dar uma contribuição ou provocar um resultado.

O político na sala que ofende a todos os presentes, jogando sua carreira no lixo, pode alegar que estava sendo autêntico, mas as escolhas que levaram àquele momento foram, todas, atos intencionais. Desta vez, as ações não levaram ao resultado esperado por ele (ou talvez sim).

As apresentações de comédia stand-up não são algo autêntico. Não é um ato natural subir no palco com um microfone na mão. E o chef que prepara um prato ou outro pode estar se divertindo, mas não está sendo mais autêntico para ele cozinhar ovos do que cozinhar frango (claro, é preciso cozinhar os ovos primeiro).

Caso esteja adotando qualquer tipo de autocontrole (aí está aquela palavra "eu" de novo), então você não está sendo autêntico. Somente explosões emocionais são uma coisa autêntica. Tudo o mais fazemos com intenção.

Se agirmos com intenção e empatia, nosso caminho está desimpedido. O trabalho é fazer a mudança acontecer. Se não o entregarmos, nenhuma mudança acontecerá. Se enviarmos o trabalho errado para as pessoas erradas, nenhuma mudança acontecerá.

Seu público não quer sua voz autêntica. *Ele quer sua voz consistente.*

126. Consistência É o Caminho

Não a repetição. Não mais do mesmo. Simplesmente trabalhe com o que rima. Isso soa como você. Prometemos algo e o cumprimos.

Ninguém sabe exatamente qual filme Greta Gerwig fará a seguir. Mas seus fãs o assistirão porque ela foi a diretora. Ela conquistou esses fãs porque os viu, compreendeu e ajudou a mudar. O compromisso tem significado e leva o artista a conectar-se aos que são servidos pela arte.

Não acho que Greta Gerwig fez *Adoráveis Mulheres* com o intuito de assisti-lo sozinha em uma sala de cinema; ela o fez porque pensou que outros desejariam vê-lo. E ao fazer isso, ganhou o direito de assinar seu nome nele.

INTENÇÃO

Você não quer um cirurgião cardíaco autêntico ("Não me importo se você está brigando com seu senhorio — faça a cirurgia como se hoje você estivesse em seu melhor dia") ou mesmo um chef autêntico ("Não estou nem aí se você tem ou não vontade de cozinhar comida mexicana esta noite. Está no cardápio e foi o que pedi.")

Procuramos, de fato, alguém que nos enxerga e mantém consistentemente suas promessas de nos trazer a magia que esperamos. Alguém que tenha se comprometido a rimar com o que fizera ontem.

Quando você tem suficiente confiança em si mesmo para se tornar um profissional, está firmando um pacto com aqueles a quem procura servir. Você promete trabalhos projetados com intenção, e eles consentem em se envolver com o trabalho que você lhes prometeu trazer.

127. Mais Real do que o Real

Steven Pressfield escreveu: "Você e eu fomos colocados nesta Terra para fazer o quê? Não é a criação do 'inautêntico', que é elaborado de propósito, a fim de entregar aos outros o dom e o simulacro de autenticidade? É por isso que chamam de Arte, e porque, de uma forma meio doida, é mais real do que o real e mais verdadeiro do que a verdade."

Mais real do que o real. É esse o autêntico que procuramos.

Esse é o trabalho da criação. Inventar alguma coisa, não descobrir.

Steven e eu não poderíamos estar mais de acordo quanto ao conceito de autenticidade. Mas esse ainda é um lugar extremamente convidativo para se esconder.

Somente sendo consistentes temos como entregar ao nosso público o que ele quer, criando nossa arte não autêntica, intencional e arquitetada de forma a oferecer a ele uma experiência autêntica à medida que o vai consumindo.

A palavra "inautêntico" fez sua pele arrepiar toda? É prova do bom trabalho de lavagem cerebral que os criadores da mitologia da criatividade fizeram em nós. São muitas as palavras utilizadas para designar pessoas orgulhosamente inautênticas. Nós os chamamos de profissionais, campeões, líderes e heróis. É difícil uma postura autêntica dia após dia, trabalhando hora após hora, quando provavelmente há outra coisa que você preferiria estar fazendo. É difícil encarar uma situação perigosa sem piscar, persistir pacientemente em face da crítica, ou mesmo simplesmente aparecer regularmente. Mas esse trabalho difícil é *todo ele* inautêntico. É um trabalho que fazemos precisamente porque não temos vontade de fazê-lo no curto prazo. É a escolha de fazer algo por motivos de longo prazo, não porque estamos tendo um acesso de raiva.

Inautêntico significa eficaz, fundamentado, intencional. Significa que não é pessoal, é generoso.

O hack não pode fazer isso. O profissional pode escolher.

INTENÇÃO

128. A Ação Intencional Tem Poucos — e Simples — Elementos

1. Determine para quem é. Saiba em que eles acreditam, o que receiam e o que desejam.

2. Esteja preparado para descrever a mudança que pretende fazer. Ao menos para você mesmo.

3. Cuide o suficiente para se comprometer a fazer essa mudança.

4. Entregue um trabalho que repercuta nas pessoas a quem se destina.

5. Após saber para quem é e para que serve, observe e aprenda a determinar se sua intervenção foi bem-sucedida.

6. Repita.

Bloqueio de Escritor Não Existe

129. Credenciamento É um Obstáculo

O complexo industrial educacional foi sendo estruturado em torno da ideia de que a capacidade de criação de trabalhos úteis está limitada àqueles que têm um certificado.

Há, com certeza, diversos lugares nos quais uma credencial é absolutamente necessária. Não quero ser operado do joelho por um cirurgião que aprendeu sua especialidade assistindo a vídeos no YouTube.

Por outro lado, não é preciso homologação para falar, resolver um problema interessante ou liderar. Ninguém necessita de um diploma para escrever um poema, liderar um grupo de pessoas ou assumir responsabilidades.

O sistema estabeleceu credenciais no intuito de preservar a consistência da produção industrial, mas, com o passar do tempo, elas foram se tornando mais complexas com a finalidade de se constituírem como uma barreira, uma forma de diminuir o ímpeto daqueles que procuram fazer as mudanças acontecerem.

O credenciamento é uma maneira de sinalizar, um dispositivo de bloqueio, e também um modo de manter baixa a diversidade.

A postura "e se" é difícil para muitas pessoas, em especial devido aos poderes estabelecidos frequentemente tentarem excluir do trabalho quem não for credenciado. Porém, a cada dia mais, isso vem mudando.

Observe os líderes que merecem seu respeito, em qualquer setor de atividade. Depois, verifique as credenciais que os levaram até lá.

Se você está procurando uma escola de pós-graduação para conseguir um mestrado, talvez seja melhor passar esses dois anos já ocupando um posto de trabalho.

130. A Maldição da Faculdade Famosa

Isso começa com o mito de que faculdade de nome e faculdade boa são a mesma coisa, ainda que não se tenha encontrado nenhuma evidência de que haja alguma relação entre elas.

Faculdades famosas têm necessidade de impor um regime de conformidade e escassez, então contam com nossa cooperação e crença para construir a reputação delas. Elas só são famosas porque queremos que elas sejam famosas.

Esse desejo tem a ver com o credenciamento. O poder mágico de uma renomada instituição tem que nos abençoar, munida de status e autoridade.

Não dá para começar um time universitário de futebol sozinho, mas e um grupo de teatro de improviso? Um amigo foi para uma das mais conceituadas faculdades estado-unidenses, inscreveu-se para participar do grupo de teatro de improviso e não foi aprovado. E então desistiu.

Se somos persuadidos a precisar de uma credencial para a menos credenciada das artes — a do improviso —, pode-se imaginar o quão endêmica é essa situação em nossa narrativa.

Desde cedo, ensina-se a pessoas de sucesso que devem sacrificar o pensamento independente em prol de um boa nota. Somos ensinados que a conformidade será recompensada por sermos os escolhidos. Para muitos jovens, obter a aprovação de uma afamada faculdade (ou do grupo de teatro de improviso dessa faculdade) é a maior das escolhas.

Ao desejar aprovação externa e autoridade, você debilita diretamente sua capacidade de confiar em si mesmo, porque abriu mão dessa confiança e a entregou para a instituição.

Hoje, cada vez mais pessoas percebem que há aí uma fraude. As instituições não têm poderes mágicos, pois comumente demonstram estar erradas em sua capacidade de selecionar, moldar e engrandecer os seres humanos que se importam o suficiente para fazer a mudança acontecer.

131. Mas que Grande Desculpa

Se não assumíssemos com gosto nossa falta de credenciais como a desculpa perfeita para se esconder, o credenciamento não teria o poder que tem.

Afinal, se você não foi escolhido, está fora do gancho.

E caso não tenha elementos para se inscrever ou pagar pela credencial, nem é preciso se preocupar com a rejeição, pois você mesmo já providenciou isso.

Quando o Mágico de Oz deu ao Espantalho seu diploma, não deu nada que ele já não tivesse. O papel era uma validação externa desnecessária que ajudou o Espantalho a ter a confiança que provavelmente teria adquirido por si mesmo.

132. Qualquer Desculpa Serve

Se serve para você, se lhe dá uma maneira de dar um tempo, interromper sua prática e evitar a real condição de seu trabalho, funciona como uma boa desculpa. Ou pelo menos uma eficaz. A verdade da desculpa não importa... funcionou.

Encontrar as pessoas que não têm uma boa desculpa é simples, basta procurar quem conseguiu fazer a diferença. Quem não foi flagrado com uma narrativa bem elaborada de distração ou desânimo.

Ao ignorar desculpas, independentemente de quão válidas sejam, eles conseguiram retomar o rumo certo e fazer seu trabalho.

Se um motivo não é um impedimento para todos, na verdade, é uma desculpa, não um verdadeiro obstáculo.

133. Falsos Especialistas

Rejeitar a armadilha do credenciamento abre a porteira para falsos especialistas. Não havendo necessidade de credenciais, se todos são qualificados e capazes de fazer certo trabalho, não estamos convidando hacks e charlatões para fazer algo importante?

Penso que o oposto é verdadeiro. O credenciamento nos tranquiliza, nos dando uma falsa confiança sobre quem é realmente um especialista. Ter um diploma não significa que a pessoa tem visão, experiência ou de fato se preocupa com o trabalho que está fazendo. Obter um pedaço de papel não significa que você se importa.

As ações são mais importantes hoje do que nunca. Podemos ver seu trabalho, ouvir suas palavras e compreender sua intenção.

Hoje em dia podemos enxergar além da credencial e ver o real impacto que você causa. Podemos criar um corpo de trabalho e uma comunidade que entende nossa capacidade de repercutir.

Não o estou provocando com o intuito de fazê-lo se tornar um charlatão (ou seguir um). Trata-se simplesmente de aproveitar a oportunidade que está à mão de se envolver no longo processo de obtenção de genuína experiência, com a finalidade de promover uma mudança.

134. Steve Ballmer Preocupou-se Muito em Estar Certo

Steve Blank afirma que quando Steve Ballmer, o CEO da Microsoft, substituiu Bill Gates, imediatamente deu início a um período de vários anos para destruir a companhia.

A despeito do notável desempenho financeiro da Microsoft, Ballmer não soube entender e colocar em execução as cinco tendências tecnológicas mais relevantes do século XXI: pesquisa — perdendo para o Google; smartphones — perdendo para a Apple; sistemas operacionais móveis — perdendo para Google/Apple; mídia — perdendo para Apple/Netflix; e nuvem — perdendo para a Amazon.

Como ele errou de modo tão consistente?

Simples: ele colocou o foco da empresa somente naquilo em que considerava que a Microsoft era boa. Estruturou a companhia de forma a defender suas competências centrais, criando uma organização que era apenas competente. Ele otimizou a empresa em termos de século XX e deixou o século XXI para aqueles que estavam dispostos a fracassar.

Até mesmo líderes de empresas podem escolher ter um bloqueio.

Mas, é claro, não existe isso de bloqueio. Porque ser criativo é uma escolha.

Ao se concentrar na prevenção de erros e no árduo trabalho de controlar o resultado, Ballmer ignorou o processo. E escolheu bloquear uma empresa inteira.

135. Tudo Bem em Manter o Status Quo

Muito do que fazemos tem por objetivo dar às pessoas ao nosso redor uma sensação de segurança, ajudá-las a confiar em nós ou criar condições para a realização de outro trabalho.

A resposta dada ao "para que serve" pode ser o "porque sempre fizemos desse jeito".

Desde que você esteja satisfeito com a mudança que obteve, fazer a mesma coisa para ter o mesmo resultado pode ser a estratégia correta.

Um chef de cozinha tem uma probabilidade maior de criar uma refeição notável se mantiver em mente a maioria dos elementos constitutivos intrínsecos ao conceito de sair para jantar.

Iliana Regan, chef de cozinha em Chicago, ganhou uma estrela no Guia Michelin seis anos seguidos. Quando ela e sua esposa, Anna Hamlin, decidiram se mudar para a zona rural de Michigan para criar um novo tipo de restaurante, perceberam que a melhor maneira de fazer isso era continuar chamando-o de restaurante, construir uma pousada tradicional e dedicar seu trabalho para o tipo de pessoas que frequentam estabelecimentos recomendados pela Michelin. E justamente porque o restaurante se encaixa em um determinado nicho, elas podem desafiar as convenções de outras maneiras — preço, localização e cardápio estão mais de acordo com chefs de renome como René Redzepi do que com um daqueles pequenos restaurante de rua.

Você não tem que mudar tudo. De fato, é bem provável que não consiga.

136. Bloqueio de Escritor

Bloqueio de escritor é um mito. Bloqueio de escritor é uma escolha. Bloqueio de escritor é real.

Isso tudo é inventado.

Mas não significa que não sejam reais.

A gravidade não foi inventada. Todos a vivenciamos da mesma forma. Não se inventa um chocolate. Ou isto é uma barra de chocolate ou não é.

O bloqueio de escritor, porém, é inventado. Dá-se o mesmo com o medo de aranhas, a crença na astrologia ou a confiança que sentimos antes de dar uma palestra.

Sabemos disso porque isso é mutável. Varia de pessoa para pessoa e de um dia para o outro. É uma narrativa.

Narrativas são reais.

E narrativas podem mudar.

Caso sua narrativa não esteja funcionando para você, você pode encontrar uma melhor para ocupar o lugar dela.

137. A Busca pela Certeza É a Razão Central do Bloqueio

Em um mundo industrial, o alto risco do mercado exige que estejamos certos. Todas as vezes.

Cometa um erro na linha de montagem e você perderá o emprego. Cometa um erro no banco e você estará fora.

Diga as palavras erradas em uma reunião e será demitido.

O mundo que buscamos criar, por definição, ainda não existe, e não tem respostas certas. Se soubéssemos como fazer isso, já o teríamos feito.

Ser criativo é trabalhar na fronteira, inventar a próxima coisa, aquela para a qual não há um manual ou regras adrede preparadas.

A certeza, portanto, é algo fugidio, não podemos sequestrá-la. A indefinição não é um problema, não é um bug, não é alguma coisa a ser eliminada.

A incerteza é a questão.

138. Polir É Superestimado

Steely Dan continua a vender discos e a ficar pairando perto do topo de seu nicho. Uma banda, cujo melhor trabalho data de mais de quarenta anos atrás, agora é um clássico.

Becker e Fagan, a dupla por trás do grupo, é conhecida por se recusar, há anos, a fazer turnês. Em vez disso, criam e gravam seu trabalho em um estúdio, com músicos do estúdio, e depois passam meses ou anos polindo as gravações para alcançar o brilho mais reluzente e estabelecer um padrão de perfeição.

É tentador pensar que esse tipo de perfeccionismo é o único caminho a seguir para criar um excelente trabalho. No entanto, quem mais ainda está nessas alturas? Cantores como Bruce Springsteen, Johnny Cash e Aretha Franklin. Bandas como Jefferson Airplane. Artistas que nunca ganharam um prêmio por polimento. Eles, na verdade, estavam manufaturando uma espécie de autenticidade íntima e viam como defeito o excesso de brilho.

A ironia no sucesso das apresentações do Steely Dan nos últimos vinte anos não me passou despercebida. Seus shows ao vivo não podem, possivelmente, ser comparados ao valor da produção dos álbuns, que é o melhor motivo para assistir aos shows deles.

Livrar-se de erros — de digitação, técnicos ou aqueles mais óbvios — é o custo de estar no jogo. Mas as três últimas camadas de polimento podem estar no âmbito do perfeccionismo, não a serviço do público. O fracasso é a base do nosso trabalho.

O processo exige que vivamos na fronteira. Exige que aprendamos habilidades novas, que exploremos públicos novos e que encontremos uma nova magia para o público que já temos. Tão logo dominemos uma certa abordagem ou técnica, começamos novamente, em busca de algo novo e mais poderoso.

Contudo, a única maneira de encontrar algo novo é estar preparado, ou até mesmo ansioso, para estar errado ao acharmos que estamos certos.

A Nintendo era um empresa que fabricava jogos de cartas. A Starbucks continua a não conseguir oferecer opções de comida viável em suas lojas. A Adobe teve centenas (!) de softwares que não obtiveram sucesso. Isso é verdadeiro também para criadores individuais. Existem temporadas inteiras de *Seinfeld* cujas falas não fazem justiça aos excelentes episódios que o tornaram um clássico. Cada autor que você adora publicou ao menos um livro de que você não gostará muito.

A prática busca fazer mudanças, mas o processo requer originalidade. Ela é consistente, mas apenas na intenção, não na execução.

Cada criador que se envolveu na prática tem uma sequência longa, quase infindável de falhas. Todas as maneiras de não começar um romance, de não inventar a lâmpada incandescente, de não transformar um relacionamento.

Líderes criativos fracassam. De novo, e de novo. É a base de nosso trabalho.

Nós erramos e então editamos, e fazemos de novo.

139. A Bolsa de Aretha

Em 2015, no palco do Kennedy Center Honors, um punhado de estrelas juntou-se a Aretha Franklin, de James Taylor a Janelle Monáe.

No palco estava também: a bolsa de mão de Aretha Franklin. Quando a música chegou ao fim, James Taylor, querendo ser gentil, abaixou-se para pegá-la para ela. Aretha praticamente o empurrou.

O que tinha naquela bolsa?

Aretha havia aprendido alguma coisa acerca do mundo da música do modo mais difícil. Durante os anos 1960 e 1970, os artistas, principalmente os negros e as mulheres, nem sempre eram pagos por seu trabalho. "Mais tarde" significava "nunca".

Então ela pegou o hábito de ser paga, em dinheiro, antes de subir no palco. E de deixar o dinheiro no palco, com ela, na bolsa.

Esse hábito logo se tornou uma narrativa.

Décadas se passaram, seu status e a indústria mudaram, mas sua narrativa não. O medo de intermediários (incluindo advogados) provavelmente a levou a não fazer um testamento formal, ocasionando uma grande confusão após sua morte.

Todo nós temos uma narrativa — a respeito de em quem confiar, ou o que provavelmente acontecerá a seguir, ou como fazer nosso trabalho.

A prática retrabalha nossa narrativa em direção a algo que nos ajuda a chegar aonde buscamos ir.

140. A Narrativa Está Funcionando?

Nossa narrativa é construída a partir de como o mundo funciona, nosso papel nele e o que pode acontecer a seguir.

Pode ser algo genérico, como "Sou um pessimista", ou específico, como "Ninguém nunca me escolhe porque tenho cabelo ruivo". É uma narrativa sobre insuficiência que faz com que algumas pessoas fiquem presas em um trabalho maçante e uma narrativa sobre a aparência que leva algumas pessoas a uma cirurgia estética desnecessária.

Nossa narrativa é um indicador de nossas escolhas, nossos compromissos e, acima de tudo, nossa capacidade de fazer alguma diferença cultural. É a moldura na qual enquadramos nossa interpretação do mundo que nos cerca.

Duas questões sobre sua narrativa:

1. Ela está intimamente alinhada com o que realmente acontece no mundo?

Se, por exemplo, você está constantemente preocupado com algo que espera acontecer, mas que nunca acontece, provavelmente é um erro de cálculo de sua parte. Se você acredita fazer um trabalho fabuloso, e ninguém quer interagir com ele, novamente: você pode não estar contando uma história verdadeira sobre o mundo. Eis aqui um teste simples. Pergunte-se: outras pessoas de sucesso têm essa narrativa?

2. Ela está funcionando? Sua narrativa auxilia na consecução de seus objetivos? Porque é para isso que ela serve.

Se ela está prejudicando seu caminho, em vez de tentar mudar o mundo lá fora de maneira a corresponder às suas expectativas, mudar a narrativa pode ser uma solução viável.

E você já adivinhou que o bloqueio de escritor nada mais é que um efeito colateral de nossa narrativa. Não é uma doença física ou uma disfunção mental, mas simplesmente uma história que contamos a nós mesmos que leva a um trabalho ruim e a um medo persistente.

141. O Arquiteto Desbloqueado

O arquiteto mexicano Alejandro de la Vega Zulueta é conhecido pelos arranha-céus que projeta. Não é fácil ser original na arquitetura em razão de existirem muitas restrições e grande ênfase na utilidade.

Em um mundo marcado pela mesmice, ele é conhecido não só por sua criatividade, mas também por dar-lhe forma.

Ele começa desenhando figuras geométricas, depois as escaneia, imprime e as transforma em painéis tridimensionais. Ele não começa com o fim, mas com o começo. Mas começa.

Quando você está se movendo, é difícil ser bloqueado. Ainda que não esteja se movendo na direção que tinha em mente ao se levantar pela manhã.

142. O Jogo Infinito

Trata-se de um jogo feito para jogar, não para ganhar. Esse nome foi cunhado por James Carse, mas o conceito existe antes da linguagem. Simon Sinek escreveu um novo clássico sobre o assunto. O jogo infinito é simplesmente uma brincadeira de jogar e pegar uma bola no quintal com uma criança de 4 anos de idade.

As partes mais importantes de nossa vida são jogos que nem imaginamos ganhar.

O processo é infinito se confiarmos que será. Não estamos fazendo o trabalho na expectativa de vencer quando o jogo acabar.

Susan Kare projetou os ícones mágicos para o Mac, mas não parou o trabalho depois disso, e projetou mais alguns — em várias mídias, para outros públicos, em outros formatos.

Jogar para continuar jogando.

Cada passo é um movimento à frente em uma jornada que só nos resta esperar que continuará. Não há vencedores ou perdedores no jogo infinito, não há placar ou relógio de ponto. Trata-se simplesmente de confiar em nós mesmos o bastante para participar do jogo.

143. A Maratona É um Jogo Infinito

Cinquenta e duas mil pessoas participam da Maratona de Nova York. Para ao menos 51 mil delas, a chance de ganhar é nenhuma, se usarmos para caracterizar a vitória a noção estreita que ela cabe a quem chegar em primeiro. A maratona que vemos diz respeito principalmente à cooperação, não à concorrência direta. Ninguém está acotovelando ninguém ou sabotando seus esforços. Porque a verdadeira competição é com seu próprio potencial, não com os demais corredores.

A maratona que não vemos é o ano de corridas solitárias pela manhã, os grupos de apoio e a persistência dos esforços.

Em virtude disso, os autores divulgam os livros uns dos outros. O ato de criação nada tem a ver com encontrar algo que pertenceria somente a você e a mais ninguém. O ato de criação envolve colocar as mãos em algo abundante e estar ansioso para compartilhá-lo com outros criadores.

É difícil imaginar Tim Cook anunciando um telefone Samsung. Isso porque a Apple busca monopolizar o mercado, não espalhar uma ideia ou criar uma mudança positiva. O intuito dela é valorizar suas ações — tudo o mais é meramente uma tática.

144. Onde Colocamos o Pessoal Cansado?

Se você corre uma maratona, fica cansado. Não faria sentido algum contratar um treinador e lhe dizer: "Quero que me ajude a treinar para não ficar cansado em uma maratona."

Em uma maratona, o que diferencia os dezenas de milhares de participantes que terminam a corrida daqueles que ficam pelo caminho é que os finalistas descobriram onde colocar seu cansaço.

Dá-se o mesmo com nossa arte.

Todos aqueles que criam sentem resistência. Todos os profundamente envolvidos no esforço de inventar e entregar obras originais sentem medo.

Essa não é a questão.

A questão é: onde você coloca o medo?

145. A Verdadeira Lição de Improvisação Começa com "Sim, e..."

Comédias bem feitas baseadas na improvisação são eletrizantes. São um salto no escuro, uma queda livre não premeditada em que duas ou mais pessoas interagem em meio ao relógio correndo e o medo ganhando corpo. Elas conseguirão se conectar?

A equipe da improvisação (e isso só funciona como equipe, jogadores de um jogo infinito) lança a bola do diálogo para um lado e para o outro, aumentam os riscos conforme extraem alguma coisa de lugar nenhum.

Charna Halpern e Del Close foram os pioneiros da moderna improvisação. Sua primeira regra nas apresentações é que "não" é um matador de sussurros. Quando a energia chega em você, a resposta é sempre "sim, e..."

Ir em frente é o único tipo de movimento que nos interessa. Diante da situação que lhe foi entregue, das falas que chegaram a seus ouvidos, da tensão da plateia, haja como se "sim, e..." Sim, isso aconteceu, *E* farei algo com isso.

Quando o ego impera, quando tentamos controlar a energia, em vez de compartilhá-la, somos tentados a dizer "não".

"Não, você fez errado."

"Não" aparece concomitantemente com o desvanecimento da possibilidade. "Não" é a tentativa que fazemos de recuperar o controle, mas significa que abandonamos o processo ao ir atrás do resultado.

146. "Sim, e" É o Suficiente

A verdadeira lição da improvisação está no poder da incerteza e no reconhecimento do absurdo do bloqueio de escritor. A improvisação é um movimento para a frente, então, não há bloqueio de escritor. No entanto, há também a improvisação ruim, cuja causa é o ego buscando controle. Há o medo, erguendo paredes e interrompendo o processo. Quando desinflamos o ego e reconhecemos o medo, somos capazes de dizer "sim, e...".

Aqui estão algumas das pessoas que estudaram improvisação com Close ou Halpern: Amy Poehler, Amy Sedaris, Bill Murray, Dan Aykroyd, Gilda Radner, Harold Ramis, John Belushi, John Candy, Jon Favreau, Shelley Long, Stephen Colbert e Tina Fey.

Há uma teoria segundo a qual apenas pessoas com o dom de ser engraçadas viajaram a Chicago para fazer esse treinamento. Uma outra, que faz mais sentido para mim, é que entender o processo pode torná-lo engraçado se você se importar o suficiente.

Quando deixamos de nos preocupar se estamos fazendo perfeitamente, podemos nos concentrar no processo.

Saturday Night Live não começa às 23h30. Ele continua porque são 23h30.

Não entregamos porque somos criativos. Somos criativos porque entregamos.

Pegue o que você obtém e se comprometa com um processo a fim de torná-lo melhor.

147. Levantar Âncora

Gostamos de cumprir promessas. É difícil ser uma pessoa feliz e de sucesso caso não você não tenha o hábito de cumprir suas promessas.

Para algumas promessas, porém, é mais difícil de fazer (ou manter) o prazo do que para outras.

Hesitamos em fazer uma promessa do tipo "a apresentação começará às 11h30" porque não sabemos com certeza se temos condição de cumprir o prazo *e* de uma maneira que nos permita controlar o resultado.

Seja como for, às vezes fazemos uma promessa.

O subconsciente é poderoso. Ao fazermos uma promessa de que fizemos uma reserva, de que a sessão de brainstorming está começando ou de que a reunião para definir argumentos de venda com o vice-diretor será amanhã, nosso subconsciente trabalhará horas extras para que mantenhamos a promessa.

Âncoras podem nos prender. É a função delas em um barco.

Mas para uma pessoa criativa, uma âncora também pode ser um farol, aquela coisa em direção à qual trabalhamos intensamente.

Não porque seja perfeito. Mas porque são 11h30. Nós prometemos.

O processo, não o resultado. Essa é a essência de nossa prática. Bons processos levam a bons resultados.

148. O Crítico Generoso

Quando entregamos nosso trabalho, pode haver uma resposta do mercado. Nós a chamamos de "crítica" do mercado.

Ter receio das críticas é fácil. Porque seu trabalho é pessoal. Porque você gostaria de fazer um pouco mais. E principalmente porque você busca mudanças para aqueles a quem deseja servir, e a crítica é um sintoma de que não foi bem-sucedido.

Ficamos imaginando que coisa boa seria se todas as pessoas adorassem nosso trabalho, sem reserva alguma.

O pior de tudo é que a crítica é feita em cima dos resultados, não do processo. A crítica nos afasta do compromisso com o processo. Desta vez o trabalho não funcionou para algumas pessoas.

Em sua maioria, as críticas compartilhadas na era da internet são inúteis, para não dizer prejudiciais. Inúteis devido a muitas vezes estarem centrada no criador, não na obra. E inúteis também porque a maioria dos críticos não é qualificada e generosa.

Deixei de ler minhas avaliações na Amazon há sete anos. Em parte por nunca ter ouvido falar de um autor que tenha dito: "Li todas as críticas de uma estrela e meu trabalho agora está muito melhor."

Não é necessário dar atenção a provocadores anônimos, nem se preocupar com as críticas vindas de pessoas que não querem o tipo de coisa à qual você se dedica. Com o que fazem, só anunciam que não são eles as pessoas que você busca servir.

Mas, e quanto a um crítico generoso? Não tem preço. O crítico generoso dedicou tempo para considerar seu trabalho, compreender qual é sua intenção, para então se pronunciar. O crítico generoso está pronto para ingressar em sua jornada, ansioso para ir aonde você gostaria de levá-lo.

Isso significa que você pode aprender algo. E esse é o tipo de coisa que faz parte do processo.

149. O que Dizer a um Crítico Generoso

"Obrigado."

A pessoa que foi generosa ao criticar apenas lhe deu uma dica.

Ela disse a você o que pode funcionar. Não para o mercado, mas para ela e quem for como ela.

E se ela é uma boa pessoa, criticou sem o acusar, sem questionar seus motivos, competência ou julgamento. Ateve-se unicamente ao trabalho.

"O trabalho simplesmente não funcionou. Eis o que o faria funcionar para mim." "Obrigado."

150. O Crítico Não Generoso

As críticas da Amazon para o livro *Lost and Wanted* [sem tradução no Brasil], de Nell Freudenberger, são inerentemente inúteis. Há uma resenha de duas estrelas que acusa o livro de ter "ciência demais". Não importa que tenha sido escrito por um físico, que se trate de ficção científica e que pessoas o elogiaram dizendo como era comovente e intimista. Outra crítica de duas estrelas foi feita por alguém que afirma ser um "físico na academia", mas que no livro não havia ciência *suficiente*.

Críticos assim nos falam muito sobre eles, mas não muito sobre o livro. Mas são de fato úteis em um aspecto: deixam muito claro que tal livro é para pessoas que gostam de livros semelhantes.

E para todos os outros: "Isto não é para você."

O que realmente podemos tirar de útil de críticas como essas é se o profissional de marketing fez um bom trabalho ao encontrar o público certo para a obra.

Ao demonstrar consistência quanto a quem e para que serve seu trabalho, você pode reivindicar sua posição de direito e dizer claramente: "Isto não é para você."

151. Sam Raimi e o Horror dos Chefes

Raimi é um dos diretores de cinema de maior sucesso entre os de sua geração (*Homem Aranha*, *Uma Noite Alucinante* etc).

Em sua adolescência, e mais tarde na escola de cinema, ele insistia em cobrar ingressos na exibição de seus filmes. "Cinquenta centavos, um dólar, não importava, conquanto que pagassem *alguma coisa*." Desde cedo ele descobriu que públicos pagantes se importavam e são mais exigentes.

Seus trabalhos eram recebidos com vaias e ridicularizados. Pagar dava o direto de vaiar.

Então ele voltava ao trabalho e editava o filme. Tornava as passagens assustadoras ainda mais assustadoras, as passagens engraçadas ainda mais engraçadas, e depois faria isso novamente.

Mais cedo ou mais tarde, Sam Raimi faria filmes dos quais se orgulharia. Qual foi a parte mais difícil? Penso que ele buscava pelas vaias.

152. A Possibilidade de Mil Verdadeiros Fãs

Kevin Kelly nos mostra o poder econômico e a liberdade artística de ter milhares de verdadeiros fãs. Mil pessoas que cruzarão a cidade por você, pagarão antecipadamente por seu trabalho ou apoiarão sua campanha do Patreon [site estado-unidense de financiamento coletivo]. Mil pessoas que o deixarão dormir no chão delas ou pagarão US$200 por ano pelo trabalho que você faz.

Um artista solo pode se dar muito bem com mil verdadeiros fãs. O problema é que a maioria dos criativos mal tem dez deles.

Para além de sua família e círculo de amigos (cuja margem de escolha é quase nula), há um grande terreno nos afastando dos verdadeiros fãs. Isso porque a pressão pelo conformismo e por evitar vaias nos impede de ser dignos de ter fãs.

Verdadeiros fãs exigem idiossincrasia. Estão sempre à procura de algo peculiar, porque se tudo que quisessem fosse o normal ou estivesse entre os quarenta mais, seria mais fácil encontrar algo que não vem de você.

153. Sua Prática e os Custos Irrecuperáveis

Cada hora empregada em sua atividade já se passou. Cada centavo investido também.

Esses são os custos irrecuperáveis. Os anos em que cursou a faculdade de direito. O tempo consumido ao esboçar ideias para o romance que deseja publicar. O dinheiro gasto na compra de um ingresso ou bem material.

Acontece que isso tudo são presentes. Presentes de seu antigo eu para o atual.

Harry Harrison, criador do *Soylent Green*, levou um ano de sua vida escrevendo um romance de ficção científica sobre um vírus oriundo do espaço sideral. Algumas semanas antes de submetê-lo à apreciação de seu editor, entretanto, Michael Crichton publicou *O Enigma de Andrômeda*, que se tornou um grande sucesso.

O livro de Harry, totalmente original, agora era uma mera imitação.

Ele não enviou o livro para o editor porque não queria o presente de seu antigo eu. Claro, ele tinha uma obra terminada, mas o próximo ano de sua vida teria sido gasto promovendo e defendendo um livro que em nada ajudaria seus leitores ou sua carreira.

"Não, obrigado."

O tempo e o esforço dedicados ao livro se foram. Desapareceram, tendo funcionado ou não. Agora, todavia, ele tinha pela frente um novo tempo e esforço para investir. E em vez de fazer isso naquele projeto existente (no qual seria desperdiçado), ele simplesmente disse a si mesmo: "Tudo bem, obrigado, mas pretendo fazer outra coisa."

No caso de a prática que você desenvolveu não lhe proporcionar o que deseja, afaste-se educadamente dela. Se o público com o qual você trabalhou duro para construir confiança demonstra com nitidez que sua visão não corresponde à dele, você pode seguir em frente.

É compreensível sentir arrependimento quando abandonamos um custo irrecuperável. É um erro ficar vinculado a ele simplesmente porque não podemos suportar o arrependimento.

154. Custos Irrecuperáveis e Defensividade

O programa de TV *Shark Tank* gera tensão ao contrapor empreendedores com um grupo de julgadores autoconfiantes. O empreendedor apresenta uma ideia aos investidores, uma ideia cujo projeto já está em andamento. É algo pessoal e urgente.

Os juízes, por sua vez, improvisam sugestões e buscam mudanças substanciais.

Isso logo se torna um bate e rebate: "Sua ideia não vale nada" seguido de "Não, não é", que avança para "Você é uma pessoa ruim". replicado por "Não, não sou".

É irritante. É irritante porque o projeto já está em desenvolvimento e, ainda que seja um custo irrecuperável, é real e pessoal. Fica difícil abrir-se a feedbacks, ser flexível e permanecer desbloqueado quando se está defendendo o trabalho que já foi feito. O crítico que objetiva ser útil compreende essa situação. É mais provável que ele diga: "Gostei bastante de x, y, z; talvez pudéssemos tornar as outras partes melhores se..." Com isso, se contorna a fragilidade.

Custos irrecuperáveis são reais, mas podem ser ignorados.

155. Bônus: As 45 Maneiras

Há ao menos 45 maneiras de colocar nosso trabalho no altar do sacrifício ao medo:

1. Protele.
2. Expanda o projeto para impedi-lo de avançar.
3. Reduza o projeto para que ele já não importe.
4. Entregue uma porcaria.
5. Não entregue trabalho passível de ser melhorado por outros.
6. Recuse-se a ouvir críticas generosas.
7. Dê toda a atenção aos críticos bem-intencionados, mas incapazes de ser mais assertivos.
8. Sacrifique o trabalho em prol do prazo comercial curto.

9. Ignore os prazos finais.

10. Torne-se uma diva.

11. Comprometa-se com as partes boas.

12. Transija nas partes difíceis.

13. Suponha que a inspiração está nos menores frascos.

14. Não vá trabalhar.

15. Trabalhe o tempo todo.

16. Espere pela musa.

17. Fale sobre o trabalho muito cedo, procurando um motivo para largá-lo.

18. Não fale sobre o trabalho com as pessoas certas, prejudicando-o.

19. Defina o trabalho como sendo você, e você como sendo o trabalho, tornando-o pessoal.

20. Trabalhe somente quando a inspiração o tocar.

21. Fique para trás no conhecimento de sua área.

22. Imite tudo.

23. Não imite nada.

24. Seja ciumento.

25. Insulte a si mesmo.

26. Declare que trabalhos importantes levam mais tempo.

27. Espere por aplausos.

28. Exija dinheiro proporcional ao trabalho ou ideias e segure as coisas até recebê-lo.

29. Evite ligações de vendas.

30. Leia as revisões de terceiros.

31. Memorize essas revisões.

32. Responda a essas revisões.

33. Seja catastrófico.

34. Concentre-se em seu iminente ou eventual falecimento.

35. Considere a imortalidade como uma forma de protelação.

36. Dê ouvidos às pessoas medrosas.

37. Confunda perfeccionismo com qualidade.

38. Segure com mais força conforme a data de entrega se aproxima.

39. Libere muito cedo quando a data de entrega se aproxima.

40. Perca datas de entrega regularmente.

41. Não estabeleça datas de entrega.

42. Redefina seu campo de contribuição de modo a deixá-lo menor do que necessita ser, colocando-se fora do gancho.

43. Cerque-se de pessoas com sonhos pequenos.

44. Dê um polimento em suas desculpas.

45. Finja que tem bloqueio de escritor.

156. A Opção pela Vulnerabilidade

Adam Driver, um ícone do cinema, disse: "Não tenho um instrumento, não toco violoncelo. É você mesmo ali; então, de certa forma, é mais vulnerável."

Este é um pensamento tóxico, que desmente a mentalidade do profissional.

Adam Driver é um *ator*. Não é um "você", é um papel, uma atuação. E Jennifer Weiner é uma *escritora*. As palavras são digitadas, mas não são ela, não passam de palavras dela.

Criadores fazem coisas. Nós criamos.

Para criar arte, fazemos escolhas. E isso é feito com intenção, buscando provocar uma mudança para determinadas pessoas. Quando descobrimos que nossas escolhas não foram acertadas, uma escolha disponível é a vulnerabilidade com angústia pessoal. A alternativa é aprender em cima do que não repercutiu. Foram nossas escolhas de como realizar o trabalho, ou o levamos para o público errado?

Você não é seu trabalho. Seu trabalho é resultado de uma série de escolhas feitas com a intenção generosa de fazer algo acontecer.

Sempre podemos aprender a fazer escolhas melhores.

157. Abbey Ryan, Isaac Asimov e o Poder da Digitação

Abbey Ryan senta-se e pinta. Ela já fez mais de mil pinturas, uma por dia.

Isaac Asimov publicou mais de quatrocentos livros. Como foi possível ele conseguir essa façanha?

Asimov levantava todas as manhãs, sentava-se em frente à sua máquina de escrever e digitava.

Esse era seu trabalho, digitar.

As histórias, os robôs e todo o resto foram os bônus que pegaram carona em sua prática.

Ele digitava quando não estava inspirado. A digitação se transformava em escrita e ele se inspirava.

Não escrevemos porque sentimos vontade. Sentimos vontade porque escrevemos.

158. Escreva até Não Sentir Mais Medo de Escrever

Não importa se você se autodenomina "escritor". Não importa se você é um cantor ou engenheiro de tráfego.

Escreva mais.

Escreva sobre seu público, sua arte, seus desafios. Escreva sobre as opções que fez, sobre sua área de atuação, sobre seu gênero literário.

Escreva sobre seus sonhos e seus medos. Escreva sobre o que é engraçado e o que não é.

Escreva para clarear as ideias. Escreva para desafiar a si mesmo. Escreva regularmente.

Escrever não é igual a falar, porque escrever é algo organizado e que permanece. Escrever nos coloca no gancho.

Você não quer ficar no gancho?

159. Escassez e Criatividade

> *"Poesia não é como o raciocínio, um poder exercido por determinação da vontade. Um homem não pode dizer: 'Vou fazer uma poesia.' Nem mesmo o maior dos poetas pode dizer isso."*
>
> PERCY BYSSHE SHELLEY

Eis aí um perigoso equívoco. Isso ergue uma barreira separando os que foram magicamente aquinhoados com o dom da criatividade e o resto de nós.

Que maneira triste e miserável de ver o mundo.

A alternativa é imaginar que há uma miríade de oportunidades, um número praticamente infinito de poemas (e outros atos de gênio criativo) apenas esperando para serem colocados como contribuição para a humanidade.

Se ao menos o poeta se importasse o suficiente, acreditasse o suficiente e tentasse por muito tempo.

De fato, uma vontade determinada abre as portas para que confiemos em nós mesmos o bastante para realmente encontrar as palavras.

160. A Qualidade Essencial do Bicho-Papão

Ele não existe.

É isso que o faz ser o criador perfeito do medo. Um inimigo sem defeitos, uma provocação contra a qual não há defesa alguma.

O bicho-papão foi inventado centenas de anos atrás. Uma combinação de espantalho, besouro e fantasma, sua função é meter medo nas crianças para mantê-las submissas.

Críticos e céticos utilizam-no como argumento por saberem que não há uma resposta aceitável. O bicho-papão do bloqueio, da paralisia, da incapacidade de contribuir e, principalmente, o bicho-papão da ausência de talento.

Com exceção de uma: negar a existência dele.

O bicho-papão não existe. E por essa razão é um exemplo tão eficaz, e também a razão pela qual você deve ignorá-lo.

Criadores voam para longe dele todos os dias. Inventam novos poderes para ele, imaginando sua capacidade de destruir o trabalho e tornar a carreira inviável. Ceder poder a ele é deixá-lo cada vez mais poderoso.

Mas só se tiver receio de olhar para ele.

Assim que o fizer, ele desaparece.

161. Cortar Lenha e Carregar Água

Layman Pang, há mais de 2 mil anos, escreveu:

Minhas atividades diárias não fogem do comum,
Estou em harmonia natural com elas.
Não me apegando a nada, não descartando nada...
Extraindo água e cortando lenha.

É daí que vem a frase "corte lenha, carregue água". A palavra-chave, não expressada, é "simplesmente".

Fazer isso sem comentários ou dramas. Fazer isso sem se incomodar com aquilo que está fora de seu controle. Fazer isso sem depender do resultado que você esperava.

Essa simples orientação Zen nos ajuda a entender nosso trabalho como criativos. A deixar de lado as coisas externas, a diminuir o drama e a evitar situações atípicas.

Essa é a prática.

Simplesmente cortar lenha e carregar água. De novo e de novo.

O sucesso externo só existe como forma de reforçar nossa capacidade de realizar o trabalho novamente.

162. Tudo no Lugar É Sua Recompensa

Um habilidoso chef de cozinha providenciará para ter à mão todos os ingredientes antes de acender o fogão. Tudo aquilo será picado, medido e disposto. Essa providência previne necessidades de última hora, porém, mais do isso, dá a ele a condição de ver o que virá pela frente.

Ver os utensílios e ingredientes, prontos para usar e preparados com esmero, abre as portas para a ação intencional.

A internet é nossa inimiga quando se trata de ter tudo no lugar, porque podemos receber algo não solicitado enquanto estamos fazendo nosso trabalho. Para mim, a armadilha é o e-mail, mas pode ser qualquer *bip* em seu telefone anunciando a chegada de alguma coisa.

A internet traz energia não requisitada, positiva ou negativa, para o trabalho que nos propusemos a fazer. Ela abre a torneira de um fluxo infinito de novas ideias, ferramentas e novas pessoas para o projeto.

Se você quer criar seu trabalho, pode ser recompensador desligar o Wi-Fi por um dia. A fim de ficar só você com suas ferramentas, seus limites e seu processo, e nada mais.

Haverá tempo para nos ligarmos ao mundo após fazer nosso trabalho, mas no momento enchemos e esvaziamos o copo. Digitamos, e depois digitamos mais um pouco.

163. Mas, e Quanto à Musa?

Todas as pessoas criativas já experimentaram a sedução da musa. Aquela ocasião dourada em que uma força toma as rédeas e a magia acontece. É quase como se não estivéssemos envolvidos. Outra coisa está controlando nossa voz. A musa se faz presente; os deuses permitiram que a genialidade permeasse nosso ser.

É muito tentador dar o crédito do fluxo de inspiração à musa. Construímos um altar e sacrificamos o que for preciso para tê-la de volta. Quando ela some, nos sentimos bloqueados. Tudo parece mais difícil, e o trabalho que realizamos fica um pouco enfadonho.

Em tais momentos, é como se nos restasse apenas duas opções: seguir o aborrecido caminho para ser um hack, ou encerrar o expediente e esperar pela visita da musa. Nossa prática está sob risco, e é tentador simplesmente dar marcha a ré.

Talvez em nosso altar haja velas e incenso. Ou, quem sabe, tomemos alguns drinques. Para alguns de nós, os maus hábitos adquiridos ao buscar a musa tomam conta de nossa vida.

E então desviamos nosso olhar. Trememos em sua presença. Preocupamo-nos por não estar no momento emocional certo para fazer nosso trabalho. E, principalmente, cedemos nossa autonomia, implorando a alguém, qualquer um, que faça a parte difícil de evocar a musa ou conseguir nossa aprovação, ou uma apresentação artística, ou apoio para que talvez, apenas talvez, possamos sentir a luz novamente.

Isso é uma armadilha.

O fluxo é proveniente do esforço. A musa surge quando fazemos o trabalho, não de algum outro jeito.

Ajuste suas ferramentas, desligue a internet e volte ao trabalho.

164. Em Busca da Dificuldade Desejável

Conforme buscamos subir a um patamar mais alto, é fácil sucumbir à tentação de procurar pelo fluxo.

Fluxo é o estado mental que experimentamos quando sentimos que tudo está se encaixando. O pesquisador Mihaly Csikszentmihalyi fala que essa sensação de fluxo é a que temos quando estamos completamente absortos em uma tarefa desafiadora, mas viável. Essa é uma daquelas ocasiões em que a musa está conosco, e nos sentimos muito bem.

Entretanto, ainda que prazerosa, essa sensação provavelmente não nos fará ir adiante em nossa prática tanto quanto gostaríamos.

Robert Bjork, professor da UCLA, argumentou que dificuldades desejáveis são realmente necessárias para que possamos aprimorar nossas habilidades e alcançar um nível de qualificação mais elevado.

Considere dois tipos de prática de rebatidas no beisebol. Em uma, os arremessos são divididos em categorias — 25 bolas rápidas, 25 bolas em curva — em um ritmo previsível. Finda a prática, os rebatedores relataram ter sentido confiança e fluxo.

A alternativa envolve misturar os dois tipos de forma aleatória. Aqui, os rebatedores relataram frustração e menor satisfação. Mas o professor Torre' Mills assinala que o método aleatório, no qual a dificuldade desejável está em ação, de fato aperfeiçoa a habilidade dos jogadores em relação à outra abordagem.

A dificuldade desejável é o trabalho árduo de fazer o trabalho árduo. Ela nos prepara para coisas que provocam luta, porque sabemos que, após a luta, teremos galgado um novo patamar.

Aprender quase sempre envolve incompetência. Pouco antes de chegarmos a um patamar mais elevado, nos damos conta de onde estamos e nos sentimos insuficientes. A dificuldade é real, e desejável, caso nosso objetivo seja seguir adiante.

Quando evitamos intencionalmente a dificuldade desejável, nossa prática é prejudicada, pois estamos apenas agindo por inércia.

O compromisso, portanto, é o de se expor por dias, semanas ou anos à incompetência em série e ocasionais frustrações. O intuito é buscar a dificuldade desejável que nos leve a um lugar no qual o fluxo seja realmente produtivo a serviço da mudança que procuramos fazer.

165. Prática de Rebatidas

No beisebol, ninguém critica o batedor que consegue fazer muitos pontos por praticar rebatidas.

Ao mesmo tempo, ninguém fica surpreso que em 70% das vezes ele não pontua.

Se você precisa de uma garantia de sucesso, da crítica ou do mercado, sempre que busca criar, encontrou um excelente local para se esconder. Se a necessidade de sucesso de crítica ou de mercado o impediu de ser ousado novamente, esse também é outro ótimo lugar para se esconder.

Praticar rebatidas é uma prática. Escrever todos os dias é uma prática. Aprender a ver é uma prática. Você nunca termina e nunca está seguro.

Não faltam razões para esconder nosso trabalho e apenas uma para compartilhá-lo: servir.

166. O Erro no Slogan da Nike

"Just do it" não é um conselho útil.

Esse "Apenas faça" pode ser interpretado como "mas que droga é isso?" ou "Tá, fazer o quê, né?" Apenas entregue, apenas envie, apenas faça o que você pode fazer...

Um ajuste útil é lembrar-se de *"simplesmente faça."* Simplesmente faça o trabalho sem falatório, drama ou raiva. Coloque seu foco na mudança que pretende fazer e traga intenção para o trabalho. Simples assim. Nem mais, nem menos.

Concedo que não se trata de nenhum poderoso comercial de televisão, mas é significativamente mais útil.

Continuamos a nos concentrar no processo, não somente nos resultados. Se o processo está certo, o resultado virá a reboque.

Corte lenha, carregue água. Bora zarpar. "Sim, e...". Ignore as partes que você não pode controlar.

167. Você Não Precisa de Mais Ideias Boas, Precisa de Mais Ideias Ruins

Todas as boas ideias devem ser tidas agora.

Lá atrás, quando o Dr. Seuss escrevia, existiam apenas algumas dezenas de milhares de livros para crianças. Hoje há milhões à escolha. Assim era também com ideias para roteiro de filmes, nichos para cirurgiões, ideias originais de paisagismo...

É tentador imaginar que não há qualquer possibilidade de contribuir. A musa foi-se embora, deixando em você um vazio de criatividade.

Em vez de dizer "Estou preso, não me vem nada de bom", é muito mais eficaz dizer "Terminei isto e agora preciso aprimorá-lo". Ou, eventualmente, "Terminei isto e não posso fazer melhor, mas agora estou pronto para fazer algo novo, porque veja só o que aprendi".

Essa é a história de cada inovação humana.

Essa é a história de cada boa ideia, cada novo projeto, cada música popular, cada romance escrito.

Tinha sido uma má ideia.

E então havia uma melhor.

Se você quiser se lamentar por não ter boas ideias, mostre-me primeiro todas suas ideias ruins.

Fazer amizade com suas ideias ruins é um jeito produtivo de seguir em frente. Elas não são suas inimigas. São etapas essenciais em seu caminho rumo ao melhor.

168. O Menor Avanço Viável

Você seria capaz de reescrever um parágrafo de *Fahrenheit 451* e torná-lo melhor que a versão de Bradbury?

Você poderia escrever uma nova página para o roteiro de *Matrix*?

Você saberia tocar apenas uma nota no clarinete que valeria a pena escutar?

Em lugar de se concentrar em uma obra-prima, pergunte-se: "Qual seria a menor unidade da condição de gênio?

Qual é o compasso da música, a frase escrita, a interação humana pessoal que faz a diferença?

Não se preocupe com a questão de mudar o mundo. Primeiro se ocupe em se concentrar em fazer algo que valha a pena ser compartilhado. Quão pequena pode ser uma coisa que você fez e que, não obstante, o deixa orgulhoso?

169. O Lado Selvagem

Em 1972, Herbie Flowers era um músico de estúdio. Ele foi contratado, apareceu lá com seu contrabaixo e fez o que lhe fora solicitado.

David Bowie havia trabalhado com Flowers em *Space Oddity*, então, quando Lou Reed pediu uma recomendação a Bowie, ele o apresentou a Flowers.

Reed deu a Flowers um compasso musical para tocar. Herbie perguntou a Lou se estava tudo bem se ele experimentasse um pouco. Ele decidiu gravar em cima de outra gravação que já havia feito, usando um baixo elétrico para ir dez notas acima da faixa de contrabaixo que usara naquela gravação já existente.

O resultado: a espinha dorsal de "Take a Walk on the Wild Side". Em vinte minutos, Herbie Flowers produziu um pedacinho de gênio e garantiu a carreira de Lou Reed.

Claro, levou mais de vinte minutos. Ele levou uma década desenvolvendo seu trabalho e aprendendo a ver e ouvir.

170. "Como Posso Melhorar Isto?" É Diferente de "Como Faço Isso?"

Nossa cultura funciona desse jeito. É fácil reunir uma comissão para criticar o novo logotipo que sua agência desenhou. É quase impossível encontrar alguém que se disponha a fazer ele mesmo seu próprio logotipo.

Somos uma comunidade de críticos, detratores e marceneiros de meia-tigela.

O motivo é simples: é mais seguro. Críticos raramente são criticados pelas pessoas. E, além do mais, não é tão difícil usar uma lixa. Muito mais difícil é usar uma serra de fita de bancada, ou mesmo utilizar um lápis para desenhar os projetos antes de mais nada.

Há uma dica gritante aqui sobre o que fazer a seguir: *pegar um lápis*.

É essa a escassez. Pessoas que desenham projetos. Pessoas que irão primeiro.

Feito isso, você pode perfeitamente obter ajuda de uma das pessoas que são boas no uso de lixas, agora que você deu conta de todas as partes assustadoras.

171. Provando a Si Mesmo que a Criação Não É Fatal

Um dos motivos pelos quais levantar âncora é essencial é que você iniciará um ciclo. Quando você lançar âncora, alternará entre o sucesso e a não condenação. Nenhum dos dois é fatal. Isso nos ensina que as promessas não provocarão nossa destruição. Podemos fazer uma promessa sincera sobre o futuro se acreditarmos que há uma chance de cumpri-la.

Exagerar nas promessas não é um hábito profissional. Seja bem-vindo à prática.

Daí vêm as ideias das páginas matinais — escrever tudo o que vem à mente — ou o "sim, e..." da improvisação. Cada uma dessas táticas é uma forma de convencer a outra metade do cérebro que somos, de fato, capazes de fazer esse trabalho sob encomenda.

Nós prometemos entregar, não prometemos o resultado.

Não importa se o trabalho é bom no início. Como poderia ser? Richard Pryor era tão engraçado na primeira vez que se apresentou para uma plateia ao vivo? Improvável. Gödel revolucionou a Matemática na primeira vez que foi a um quadro-negro? Claro que não!

O que essas primeiras apresentações públicas de um trabalho fazem é demonstrar para o criador que é possível ele sobreviver a elas. Mostre-se. Faça seu melhor. Aprenda com isso.

E então vamos fazer tudo de novo.

172. O que "Bom" Significa?

Ninguém quer fazer um trabalho ruim. Nossa meta é o bom ou até mesmo o ótimo.

Mas como, exatamente, julgamos nosso trabalho? Perguntar a outra pessoa (ou a si mesmo) se seu trabalho é bom pode se revelar uma armadilha.

É uma armadilha porque você pode ficar tentado a qualificar seu trabalho segundo o sucesso comercial. Ou pelo feedback de intermediários como recepcionistas, assessores ou assistentes administrativos.

Harry Potter não era bom quando foi rejeitado por doze editoras? Ficou bom de repente, depois de se tornar um fenômeno mundial? Como pode o mesmo livro ser bom e não ser bom ao mesmo tempo?

Bom requer definição antes de você começar. Para que serve e para quem é? Se cumprir sua missão, então é bom. Caso isso não ocorra, então você deu azar, está errado ou, quem sabe, sua criação não correspondeu àquilo que se propôs a fazer.

E sim, há uma enorme lacuna entre "bom" e "tão bom quanto poderia ser". As chances são de que nunca preencheremos essa lacuna.

173. Protegendo Sua Ideia Perfeita

O quanto ajuda você saber que tem algo especial na reserva, algo ainda não visto, algo a ser descoberto?

Você não estará acabado. Esta não é sua única chance. Não existe ideia perfeita, somente a próxima coisa que você ainda não entregou.

Ninguém o impede de postar seu vídeo.

Ninguém o impede de blogar todos os dias.

Ninguém o impede de expor sua obra de arte.

Só há uma maneira de passar pelas etapas: é passar por elas.

174. O Teorema de Alexandre do Excepcionalismo Profissional (e seu corolário: a narrativa do fracasso do criativo)

Pergunte a um médico ou terapeuta se ele se considera acima da média de sua profissão. As chances são de que dirá estar não apenas acima da média, mas *bem* acima dela. Talvez até mesmo entre os 10% maiores.

Scott Alexander, escrevendo em seu blog *Slate Star Codex*, identifica várias razões para essa tendência. Eis algumas delas:

1. É frequente que terapeutas recebam pacientes que desistiram de ser tratados por outros médicos. Portanto, pensam, eles devem ser melhores do que aquela pessoa.

2. Os pacientes estão curados (opa, fiz um bom trabalho) ou param de vir. O terapeuta confiante não se dá conta do desgaste ou atribui o fato a trocas de seguro de saúde ou mudança de endereço do paciente — ou eles foram curados! Os insatisfeitos são invisíveis ou silenciosos.

3. A dissonância cognitiva faz com que pacientes regulares se sintam felizes com seu tratamento: eles não têm termo de

comparação, então o padrão é acreditar que a experiência está sendo ótima.

A escassez resultante do credenciamento profissional, somada à falta de métricas para uma comparação apropriada, significa que todas essas forças são amplificadas durante uma carreira.

Faça uma comparação entre essa questão e a situação do criativo em dificuldade. Chame a isso de corolário da dúvida.

Para os criativos, forças opostas estão continuamente em ação:

1. Como nosso trabalho é comprado *à la carte*, e em virtude de haver muito mais oferta do que demanda, a maior parte do que entregamos é rejeitada. O mercado não é a única origem da rejeição, ela vem também de intermediários autoconfiantes que percebemos saberem mais do que nós.

2. Como o trabalho que fazemos envolve ferramentas amplamente disponíveis (como o teclado de um computador), o número de pessoas que creem ser capazes de fazer o trabalho (ou melhorar o nosso) é muito grande. Ninguém sabe tudo, ao mesmo tempo em que todos são especialistas.

3. Como muitos de nós temos uma base transitória de fãs (amantes de música têm muitos amores), a rotatividade é alta. Se alguém deixa de produzir, os ouvintes simplesmente partem para outra. Caso seu terapeuta se aposente, uma crise se instala.

4. Como a crítica negativa é bem mais fácil de se disseminar do que uma reação positiva, a maioria das críticas públicas ao nosso trabalho é negativa. Por outro lado, as pessoas bastante satisfeitas se calam.

5. Como trabalhamos com novidades, nossos atuais clientes frequentemente hesitam em retornar porque outra pessoa (qualquer um, na verdade) pode oferecer mais novidades do que nós.

6. Como a magia criativa é realmente de tirar o fôlego, o público (e nós) perseguimos aquele "momento único na vida". Por definição, tais ocasiões são raras, e, consequentemente, a maioria de nossas interações não atende a esse padrão.

Tudo isso sofre o combate dos efeitos tribais da cultura e da dissonância cognitiva dos fãs ardorosos, mas esses fatores afetam uma parcela minoritária de criativos.

Esse é um motivo a mais para o criativo típico duvidar de si próprio. Os criadores de maior êxito comercial simplesmente têm duas coisas que os demais não têm: o benefício da dúvida e a dissonância cognitiva tribal.

175. Gênero, Não Genérico

O mundo é muito ocupado para considerar uma concepção inteiramente original sua.

A PRÁTICA

As pessoas para quem você entrega seu trabalho querem saber com o que rima, a qual categoria pertence e com o que devem compará-lo.

Por favor, coloque em uma caixa para nós, elas dizem. Chamamos a essa caixa de "gênero".

Não se trata de um simples atalho; é um serviço prestado à pessoa que você está procurando.

Trabalhos genéricos são substituíveis. Latas de embalar feijões podem vir de qualquer empresa, são iguais — são genéricas.

O gênero, contudo, nos permite ser originais. Isso nos dá uma estrutura na qual nos posicionarmos.

Shawn Coyne escreveu com muita propriedade a respeito do gênero. Não sobre o genérico, algo enfadonho, mas gênero, o que dá a seu público uma ideia do que é esse trabalho.

Qual é o formato? Qual seria o preço? O que isso faz lembrar?

Estações de esqui são um gênero. Filmes de monstros também.

Sem o gênero, não há como processar a mudança desejada. Fica muito difícil descobrir o que você está fazendo, então, deixamos para lá.

Cópias ou imitações não valem muito, não são fatores capazes de provocar mudanças, de afastar as pessoas de seu caminho.

O gênero é uma caixa, um conjunto de limites, algo que um criativo pode explorar. São esses limites que possibilitam ao criativo aplicar sua idiossincrasia no trabalho que faz.

Para que a mudança aconteça, é necessário que o artista ultrapasse um daqueles limites, cruze uma fronteira.

Genérico é uma armadilha. O gênero, uma alavanca.

176. A Transformação Começa com o Gênero

Shawn Askinosie mudou a maneira como milhões de pessoas crescem, vendem e consomem chocolate de primeira.

Ele começou com um gênero simples: "Esta é uma barra de chocolate." Depois, como um dos pioneiros do movimento artesanal "do grão à barra", estendeu-o para "Esta é uma barra de chocolate artesanal".

Ao longo da última década, Shawn e sua filha, Lawren, transformaram uma empresa familiar de chocolate em uma organização multimilionária. A companhia tem uma série de regras e princípios de trabalho surpreendentes:

1. Comercialização direta: tratam pessoalmente com cada produtor de grãos.
2. Venda direta: negociam diretamente com pequenas empresas que vendem diretamente ao público consumidor.
3. Gestão transparente: toda a equipe está envolvida na gestão.
4. Presença persistente e generosa na comunidade: dão apoio a seus produtores, bem como a jovens de sua comunidade no Missouri.

No entanto, é importante frisar que não há quaisquer mal-entendidos sobre o que fazem. O chocolate Shawn se destaca em competições em nível mundial. O posicionamento dos preços está em linha com o das barras de chocolate *premium*. Embalagem, relacionamento com os clientes, sistemas de entrega — todos de acordo com o gênero.

A transformação começa tendo uma vantagem. E a vantagem é obtida a partir do gênero.

177. Como Fazer Diferente?

O que direi aos meus amigos?

Comece pelo gênero. Entenda-o. Domine-o. E então, *mude-o*.

Siegel e Shuster não inventaram os quadrinhos, mas os mudaram com *Superman*. Warby Parker não inventou os óculos, mas a empresa, ao revolucionar a cadeia de suprimentos, mudou o modo como as pessoas passaram a comprá-los. Lemontree não inventou as organizações sem fins lucrativos que ajudam os pobres, mas mudou a abordagem e as métricas.

Antes de começar a fazer diferente, temos que começar com o que é o mesmo.

Humanos e chimpanzés compartilham quase o mesmo DNA. Mais de 98% é idêntico. Somos humanos, e não chimpanzés. Graças àquele último pedacinho.

Isso é tudo de que você precisa.

O menor avanço viável.

178. De Volta ao Gancho

O gancho é um motivo para evitar o gênero.

Passamos por uma lavagem cerebral que nos fez acreditar que artistas talentosos obedecem à musa e são vulneráveis, naturais e têm um jeito particular de ser. Sendo assim, para que precisam de um gênero? Mais do que tudo, porque nos damos conta de que, ao escolhermos um gênero, estamos, na verdade, fazendo uma série de promessas.

Se você nos disser que é um disco de reggae, vamos comparar você com Bob Marley. Se você afirma que sua pintura tem arte, tem a seu lado mil anos de pintores.

É mais fácil dizer: "Isto é apenas eu." É simplesmente o que senti que gosto de criar.

Aí então ignoraremos você. E você estará fora do gancho.

179. Ernest Hemingway versus o Romance em Sua Cabeça

Jamais conheci alguém que não tivesse uma boa ideia.

Você tem uma? Talvez mais de uma?

Todos temos um plano para melhorar o trabalho, mudar uma organização com a qual nos importamos, ou consertar algo que está errado no mundo. Alguns entre nós têm até mesmo um poema, uma canção ou um romance guardado por aí.

Então, qual é a diferença entre você e Gil Scott-Heron? Ele gravou mais de vinte álbuns e revolucionou uma forma de arte.

A questão não é que as canções de Gil sejam melhores que as suas, ou que as obras de Hemingway sejam mais bem escritas que a sua. A questão é que eles entregaram o trabalho deles, e você hesitou.

Evidentemente, no início, todo trabalho é insatisfatório. Não pode ser bom, nem para você nem para Hemingway.

Mas ao trabalhar com constância e consistência, pouco a pouco seu trabalho vai sendo feito, e mais pessoas são tocadas.

Você tem muito tempo pela frente para fazer melhor.

180. Reuniões Podem Ajudar, Só que Não (provavelmente)

À medida que uma empresa cresce, o número de reuniões aumenta em ritmo mais rápido ainda, por vezes a ponto de iniciar um processo de paralisia na organização.

Há duas razões para isso.

A primeira é pura matemática. Mais pessoas precisando estar no circuito significa mais reuniões. Mas esse processo claramente tem limites, e então inventamos memorandos e, por fim, caímos no Teams.

Não, a verdadeira razão é esta: reuniões são um excelente lugar para se esconder. Reuniões são onde esperamos que alguém assuma a responsabilidade. Reuniões são um porto seguro, um refúgio em face do que poderia ocorrer.

Seu trabalho interagirá com outras pessoas em cada reunião. Se você optar por ir a reuniões com pessoas que estão focadas na expansão e amplificação da visão peculiar que você tem delas, então a probabilidade é a de que seu trabalho melhore.

Por outro lado, se você participa de reuniões com pessoas cujo compromisso gira em torno da manutenção do status quo e de uma postura de negação, o contrário ocorrerá.

Nas últimas duas décadas, executivos de redes de televisão realizaram reuniões nas quais ideias foram mortas. Ao mesmo tempo, HBO, Netflix e Showtime promoveram reuniões em que os produtores eram pressionados a obter um diferencial, nada menos que isso.

Mostre-me sua agenda e diga em quem está prestando atenção, e então poderemos verificar se você tem um problema semelhante.

181. Um Apanhado de Dicas e Truques para Criativos

- Construa marcas. Faça seu trabalho todos os dias. Atualize o blog todos os dias. Escreva todos os dias. Entregue todos os dias. Apareça todos os dias. Mantenha-se assim, marcando presença.

- Fale sobre suas marcas para se manter sincero.

- Busque o menor público viável. Faça para alguém, não para todos.

- Evite atalhos. Em vez disso, procure o caminho mais direto.

- Encontre e adote um gênero.

- Procure a dificuldade desejável.

- Não fale de seus sonhos com pessoas que querem protegê-lo de mágoas e frustrações.

Faça Afirmações

182. Uma afirmação Não É uma Garantia

Em dezembro de 2014, o músico francês Joël Roessel descobriu algo de enorme interesse para os veganos: você pode usar a água que fica em uma lata de grão de bico, chamada aquafaba, e transformá-la em espuma, podendo fazer suspiros e outras receitas.

Eu não estava na cozinha dele, mas posso afirmar que antes de ter certeza do que havia descoberto, ele estava convicto de que *poderia ser.*

O líquido nas latas de grão de bico existe desde que existem as latas de grão de bico, mas Roessel foi a primeira pessoa curiosa o bastante para fazer uma afirmativa como essa. As etapas para testar as afirmações revelaram-se óbvias depois de cumpridas.

"Se eu pegar isto e depois aquilo, asseguro que algo útil surgirá."

Afirmações são a base do processo de design e criação.

Você pode afirmar que um poema ajudará um adolescente a se sentir menos solitário. Você pode afirmar que o lançamento de uma reunião no Ethereum [um blockchain com sua própria cripto moeda] será útil e lucrativa. E pode afirmar que talvez valha a pena pedir a um determinado fã de música para ouvir a nova canção que você fez.

183. Amanda Theodosia Jones e a Amplificação de Vozes

Mais de cem anos antes de Roessel fazer uma afirmação sobre aquafaba e grão de bico, Amanda Jones inventou e patenteou o método de enlatar frutas, um padrão ainda em uso no mundo todo.

Jones transformou suas patentes (ela as tinha mais do que qualquer outra mulher nos anos 1800) na Women's Canning and Preserving Company, uma organização 100% feminina, da propriedade à administração. Nos primeiros três meses, atenderam a 24 mil pedidos.

A afirmação de que frutas podem ser enlatadas sem perder o sabor foi feita antes que ela descobrisse como fazê-lo. A corajosa atitude de fundar uma empresa significativa cuja propriedade e gestão estavam inteiramente nas mãos de mulheres aconteceu muito antes de os primeiros pedidos serem feitos.

A prática exige afirmações quando não há garantias.

184. Egomania versus Força do Ego

Nós nos referimos ao ego como sendo algo ruim.

Egomania é uma coisa ruim. Trata-se de uma postura narcísica de ver apenas a si mesmo, de se acreditar imortal, invulnerável e merecedor de tudo o que há de bom em seu caminho. Ou a sensação de que toda forma de arte é para você e somente para você.

FAÇA AFIRMAÇÕES

Mas, e quanto ao ego?

O ego é necessário caso queiramos ter coragem de fazer uma afirmação.

Que direito você tem de se pronunciar e se oferecer para fazer com que as coisas sejam melhores?

Que direito você tem de imaginar que pode contribuir com alguma coisa? Que direito você tem de lavrar o terreno, do iniciante indefeso à mediocridade que se arrasta e ao profissional trabalhador? Para mim, você tem todo o direito.

Acho, na verdade, que se trata de uma obrigação sua. É por isso que compartilhamos nosso planeta com você.

Porque contamos com você para fazer uma afirmação e, com seu trabalho, melhorar as coisas.

185. Afirmações Não São Respostas e Afirmações São Generosas

Sofremos pressão para obter respostas. Para termos certeza do que ocorrerá a seguir. Para poder provar que estamos certos. Para mostrar nosso trabalho.

Respostas, em diversos contextos, são essenciais. Mas respostas encerram conversas, resolvendo de vez ou não a questão. Respostas não dão início a investigações.

Afirmações são o ato generoso de buscar tornar as coisas melhores. Elas são uma meia pergunta. "Possivelmente..." é a palavra não declarada no começo de cada afirmação.

Antes de se encontrar uma resposta, será preciso fazer uma afirmação.

186. Gestão de Campainha

É provável que você nunca seja um dos competidores em *Jeopardy!*, mas se for, eis um segredo para se sair bem:

Você precisa apertar a campainha antes de saber a resposta (mas não até verificar que há um processo para chegar a esse ponto).

Após perceber que você é o tipo de pessoa capaz de encontrar a resposta, após saber que provavelmente sabe a resposta, buzine.

Então, quando Ken lhe telefonar, você terá algo a dizer.

Muitas vezes esperamos até ter certeza.

Melhor começar com uma afirmação.

E então, descubra.

187. Ação Intencional Requer Afirmação

A ação intencional não é passiva. É um processo no qual se busca fazer com que uma mudança aconteça.

E não podemos ignorar o que vem junto com isso. O modo pelo qual conseguimos a atenção e a participação de outras pessoas é fazendo uma afirmação.

Tal afirmação não precisa ser feita a um grande grupo. Mas tem uma função, que é a de preencher o vazio entre você e nós, bem como o que separa o hoje do amanhã.

Uma afirmação é uma promessa. A promessa de que você tentará. A promessa de que você entregará. E a promessa de que se você falhar, nos dirá o porquê.

188. Uma Afirmação É Generosa

Isso envolve tornar as coisas melhores.

"Entendo a situação e estou oferecendo algo para melhorá-la." Encontre seu público e compartilhe um ponto de vista e um convite para se juntar em torno de uma nova ideia.

Seus projetos não podem ser feitos com intenção se você não se comprometer e não definir para que servem.

É frequente começarmos simplesmente fazendo uma afirmação para nós mesmos. Pode ser uma atitude precoce convidar o público para nosso estúdio. Mas o ato de reivindicar a afirmação inicia o ciclo de melhoria.

189. Perguntas de Acompanhamento da Demanda

Uma afirmação não é uma declaração de autoridade. Gestores têm autoridade, então não precisam fazer afirmações; eles apenas proclamam.

Porém, sendo um criativo, você lidera a despeito da autoridade. Em vez disso, você confia na agudeza de suas percepções e no desejo que tem de aceitar a responsabilidade.

E, aceitando a responsabilidade, você quer estar certo de que as pessoas entendem o que acabou de afirmar.

Daí as perguntas de acompanhamento.

Quais são as implicações, ramificações e efeitos colaterais do que você planeja executar? Quais são seus planos de contingência? Caso funcione, o que acontecerá? (E se não acontecer?)

Quando você está liderando pessoas envolvidas no trabalho, as perguntas de acompanhamento não devem ser interpretadas como ceticismo ou falta de confiança de sua parte. Na realidade, são o oposto disso. Elas são questões que remetem a uma cumplicidade mútua, sua e das pessoas que embarcaram com você nessa jornada.

Se "alguma dúvida?" não obtiver respostas, será preciso mais alinhamento e tornar suas afirmações mais claras.

190. É uma Conspiração

O criativo profissional trabalha para mudar a cultura. Nem tudo, certamente, mas uma parte dela.

E a cultura é uma conspiração. É o engajamento voluntário de humanos em busca de conexão e segurança.

A afirmação que você faz coloca em marcha uma mudança cultural, pois se trata de um convite para que os coconspiradores se juntem a você.

Andy Warhol foi um agregador. Reuniu não apenas outros pintores, mas também músicos, cineastas e colecionadores. Não mudou o mundo inteiro, só parte dele, e começou desafiando e mudando seu grupo.

Arte e magia não têm como acontecer no vácuo. Mesmo com a ajuda da internet, você precisará de outros ao longo da jornada. E suas afirmações, em forma de palavras ou atos, são a maneira pela qual você dá início a essa jornada.

Organizar uma conspiração é o combustível para sua arte.

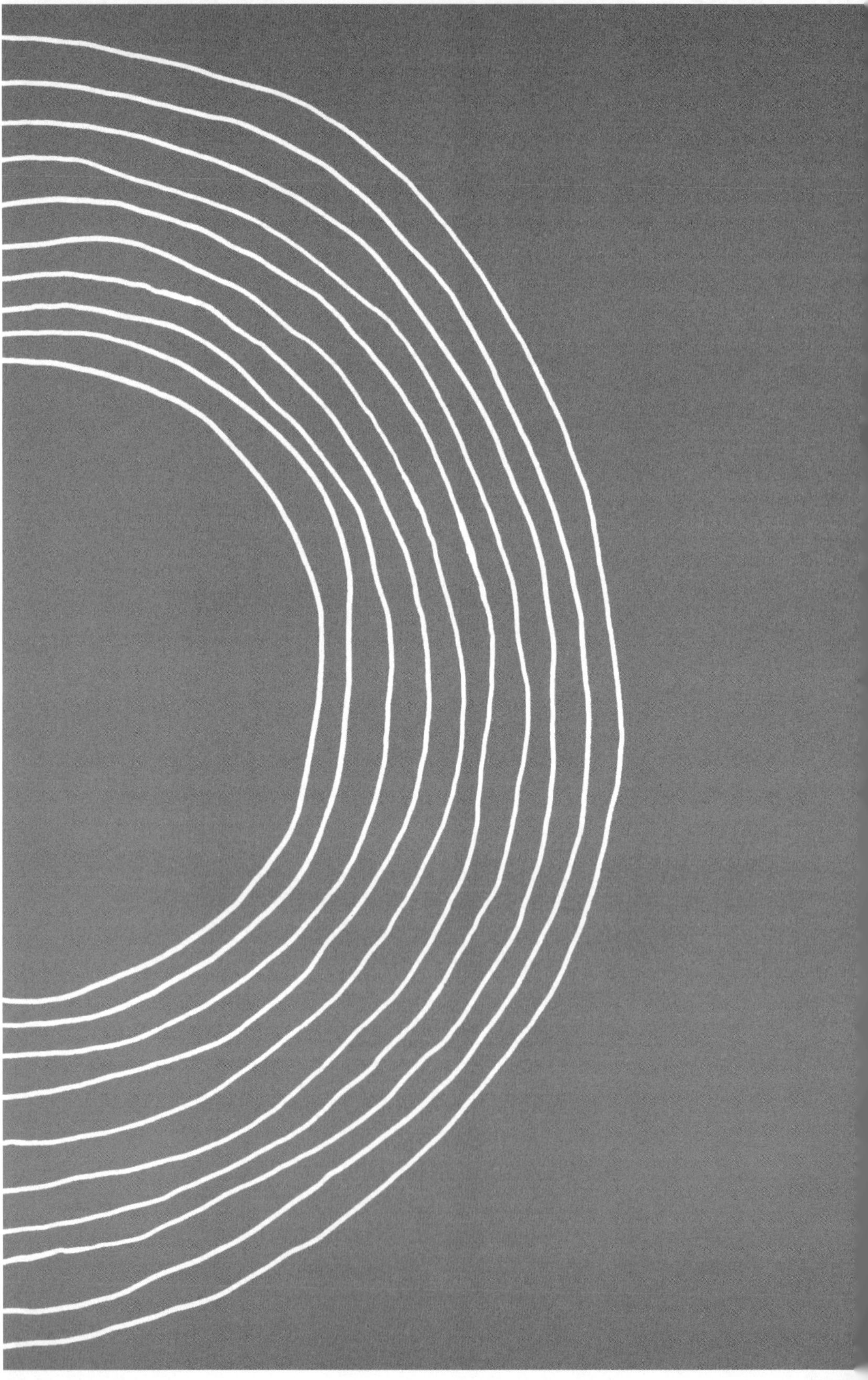

Ganhe Suas Habilidades

191. A Verdade sobre Melhorar

Mundano não significa o que pensei que significasse.

A palavra "mundano", na verdade, se refere ao mundo concreto: à verdade prática, baseada em habilidades e vinculada à realidade do que nos cerca.

Em seu artigo inovador "The Mundanity of Excellence" ["A Excelência da Mundanidade", em tradução livre], o pesquisador Daniel Chambliss encontrou o laboratório perfeito para testar o significado de subir de nível.

Ele avaliou hábitos, circunstâncias e desempenhos de nadadores de alto rendimento. Trata-se de um grupo ideal para examinar pelos seguintes motivos:

1. Existem patamares claros. Até chegar a uma qualificação em nível olímpico, os participantes competem dentro de um grupo hierárquico por vez.
2. O desempenho é facilmente medido. Bem diferente da patinação artística, na qual os juízes importam.
3. Quase não há externalidades. Uma piscina é uma piscina. A sorte é um fator com o qual não se pode contar e o desempenho pode ser mensurado ao longo do tempo.
4. Há um grande e variado contingente de competidores.

A PRÁTICA

Em termos de fatos, eis o que ele descobriu:

Não há diferença quantitativa no treinamento. Pessoas em níveis maiores de desempenho não passam mais horas treinando.

Não há exigência de desequilíbrios no relacionamento social. Atletas nos níveis mais altos tinham tantos amigos e uma vida normal como aqueles de níveis de atuação inferiores.

Não há diferenciação de talentos. A habilidade de nadar rapidamente não é algo que se traz do berço.

Havia, de fato, duas diferenças principais entre os competidores bons e os excelentes:

1. Habilidade. Os melhores nadadores nadam de maneira diferenciada em relação aos demais cujo desempenho não é tão bom. As braçadas e os movimentos na água são diferentes; e sua técnica de revezar o lado na piscina é mais aprimorada. Essas são habilidades aprendidas e praticadas.
2. Atitude. Os melhores nadadores têm uma postura diferente no treinamento. Elas optam por apreciar as partes dele que os outros nadadores evitam.

Essa é a prática deles.

Não existe apenas uma cultura de natação, elas são várias. Os nadadores que frequentam a piscina do clube de campo são muito diferentes em habilidade e no modo como veem e se envolvem emocionalmente com o esporte, em relação àqueles que competem no time da cidade. E a cultura do time da cidade não é a dos nadadores que competem internacionalmente.

Não são as horas de treinamento ou o DNA que mudam os resultados. É nossa crença no apoio e na possibilidades da cultura ao nosso redor.

Criadores têm uma atitude melhor porque descobriram como confiar no processo e em si mesmos para trabalhar com ele.

Atitudes, certamente, são habilidades — uma boa notícia para todos nós, pois significa que se nos importarmos o suficiente, temos condições de aprender.

192. Procure por um Grupo de Apoiadores

As histórias de incríveis instituições culturais (Julliard, Black Mountain College, The Blue Note, The Actors Studio etc.) implicam que algo de secreto e mágico foi ensinado ou experimentado entre as paredes desses edifícios consagrados.

O que provavelmente aconteceu foi a reunião de um grupo de apoiadores.

Os padrões culturais e o processo de tornar as coisas normais têm um enorme poder sobre a escolha de uma prática e como encontramos a coragem necessária para nos comprometermos com o trabalho.

Bob Dylan se mudou de Minnesota para Greenwich Village por um motivo.

A maioria dos pintores famosos da época da Renascença também foi para Florença por algum motivo.

Quando você se vê rodeado de colegas respeitados, a probabilidade de fazer o trabalho a que se propôs é maior.

E se não for seu caso, procure encontrá-los.

Procure essas pessoas com intencionalidade. Não espere que venham até você. Não é preciso que você seja escolhido — você pode simplesmente organizar um grupo de outros artistas que se estimulam uns aos outros.

193. Quantos Anos São Muitos Anos?

Robert Caro, autor de algumas das biografias mais importantes do século XX, quase não terminou sua primeira obra magna, *The Power Broker* [sem tradução no Brasil]. Ele havia deixado o emprego de repórter, recebeu um adiantamento modesto e se mudou para um apartamento minúsculo. Ano após ano, ele enveredou penosamente por mais de um milhão de palavras sem entrever o final do livro.

Em 1975, ele escreveu uma comovente história para o *New York Times* descrevendo o desespero que sentia. Ele não conhecia escritores. Tinha pouco ou nenhum apoio de seus amigos, editores, de ninguém.

E então... recebeu a chave de uma sala nos fundos da Biblioteca Pública de Nova York. Não passavam de onze os escritores que tinham uma chave para aquela sala, e cada um deles dispunha de uma mesa para escrever.

Ele explica:

> Certo dia, olhei para cima e James Flexner estava diante de mim. A expressão em seu rosto era amigável, mas depois de me perguntar sobre o que eu estava escrevendo, a pergunta que se seguiu foi a que eu temia: "Há quanto tempo você está trabalhando nisso?" Daquela vez, contudo, quando respondi "Cinco anos", a reação não foi um olhar incrédulo.
>
> "Oh", James Flexner disse. "Estou trabalhando no meu *Washington* há nove anos."
>
> Por pouco não me levantei e lhe dei um beijo, com o bigode e tudo — e faria o mesmo com Joe Lash, a barba comprida e tudo, quando ele me fez a mesma pergunta e, depois de ouvir minha resposta, disse em seu jeito tranquilo: "*Eleanor and Franklin* me levaram sete anos." Em duas ou três frases, esses homens — meus ídolos — deram um fim a cinco anos de dúvidas.

Encontre seu grupo de colegas. Um que seja generoso.

194. Ninguém Pode Ser o Super-homem

O Super-homem ficou chato. Toda vez que Siegel e Shuster o metiam em uma enrascada, ou se os leitores ficavam entediados, eles acrescentavam um novo superpoder.

A PRÁTICA

Visão de raios X, voar, viajar no tempo, criptonita laranja, visão de calor — tudo isso foi adicionado muito depois de Clark ser uma criança em Smallville.

O problema com o modelo do super-herói com mil utilidades é que são muito poucos os super-heróis com mil utilidades. É muito mais provável termos sucesso investindo pesadamente em apenas uma ou duas habilidades. Se pudermos fazer isso sem nos tornarmos uma celebridade ou sacrificar a resiliência, há uma chance de dar uma contribuição real.

O desafio, portanto, é ter um superpoder. Aquilo que se destaca do restante de seu ser. Se, com o passar do tempo, você desenvolver mais um ou outro, tudo bem.

Comece com um.

195. Seu Superpoder Exige Comprometimento

Vamos nos valer de organizações para nos ajudar a compreender o significado de comprometimento.

Nos Estados Unidos, você não contrataria a FedEx para transportar com segurança um item grande e frágil através do país. O superpoder dela é a velocidade, não evitar encontrões. Por outro lado, uma empresa transportadora de arte pode demorar um pouco mais para levar o vaso em sua nova casa, mas todo aquele cuidado meticuloso com a embalagem a faz ser uma alternativa óbvia à FedEx.

"Você pode escolher qualquer um, e somos qualquer um" não é uma forma útil de ganhar clientes, patrocinadores ou apoiadores. Porque se você é *qualquer um,* nem é preciso mencionar que um site de busca está pronto para indicar inúmeras outras pessoas que são tão "qualquer um" como você.

Para oferecer velocidade a um preço baixo, a FedEx teve que se comprometer. Ela fez uma quantidade significativa de escolhas, todas centradas nesse aspecto. Se você tentar enviar uma caixa muito grande (mas muito leve) via FedEx, descobrirá que, em vez de custar US$30, custará US$450. A razão disso é que uma encomenda desse tipo transtorna o sistema dela, e tal sistema é seu superpoder.

Quando pensamos em um artista que admiramos, estamos pensando em alguém que representa algo. E defender algo é se comprometer.

196. Ser Grande Requer Aceitar a Negligência

Humanos têm ainda mais problemas com superpoderes do que as organizações, porque há apenas um de você e um de mim. Isso significa que, se você der demasiada ênfase a alguma coisa, simplesmente terá que diminuir a relevância de outra coisa.

Felizmente, hoje em dia é possível terceirizar com facilidade uma série de atividades nas quais você não é bom, para que você possa simular um nível de sanidade e profissionalismo para o mundo exterior.

Mas, primeiro, cada um de nós tem escolhas a fazer. Escolha a habilidade que será apresentada ao mundo exterior.

Ainda que para isso seja necessário negligenciar parte do trabalho que você costumava fazer e que, afinal de contas, era simplesmente uma distração.

197. O Melhor do Mundo

Escrevi sobre ser o melhor em meu livro *O Melhor do Mundo* (Alta Books). Isso não significa ser o melhor em todos os aspectos, nem que o mundo significa o planeta Terra.

Ser o melhor do mundo significa que alguém, munido de informações e diante de alternativas, escolherá você. Isso porque sua versão de "melhor" bate com o que ele procura, e porque você integra o conjunto a ser considerado (o mundo dele).

Não importa se há um dermatologista em uma cidade distante da sua que tem índices comprovadamente melhores de acerto no tratamento de certo tipo de erupção. Você mora longe dali, e se em sua vizinhança há um médico com boa reputação, jeito caloroso de tratar os pacientes e uma política de atendimento a convênios adequado, obviamente ele será a melhor escolha para você. A pequena diferença na habilidade mensurável não importa no aqui e agora.

Em última análise, o objetivo é se tornar o melhor do mundo em ser você. A fim de levar idiossincrasias úteis para aqueles que você procura mudar, e ganhar boa reputação naquilo que faz e como o faz. A versão peculiar de você, suas afirmações, sua arte.

Para declarar e ganhar um superpoder, pelo qual vale a pena esperar, buscar e, sim, pagar por ele.

Será necessário você confiar não só que o processo torna isso possível, como também que você é o único a fazer isso.

198. Ganhar uma Habilidade

Tradicionalmente, presumia-se na sociedade que artistas, cantores, artesãos, escritores, cientistas e alquimistas encontrariam sua vocação e um mentor e aprenderiam seu ofício. Pensava-se ser possível ensinar escalas, mas não ensinar a tocar. Soava absurdo pensar em tirar as pessoas da rua e ensinar a elas conceitos científicos ou a cantar, e muito menos persistir no ensino por tempo suficiente para que elas se entusiasmassem com aquilo.

Agora que há soluções para o ensino em massa, nos persuadimos de que a única coisa que pode ser ensinada são as habilidades "difíceis" facilmente mensuráveis.

Não deveríamos aceitar isso.

Podemos ensinar as pessoas a assumir compromissos, superar o medo, ser transparentes e iniciar e planejar uma ação.

Podemos ensinar as pessoas a ser eternos aprendizes, a se expressar e a inovar.

E que tem vital importância reconhecer que é preciso "desensinar" criatividade, iniciativa e coragem. E que temos feito exatamente isso há muito tempo.

Habilidades estão mais disponíveis do que nunca. Não só as que são facilmente testadas, mas as habilidades reais que conduzem nossas contribuições e formam nossa reputação.

Você é capaz de aprender a aprender.

199. Você Pode Ensinar a Fazer Comida Indiana?

Não é tarefa fácil encontrar jovens anglo-saxões em Cleveland ou Topeka apaixonados por frango tandoori ou camarão vindaloo. Ainda assim, crianças com o mesmo DNA em Mumbai comem esses pratos todos os dias. Claramente, a questão aí não está na genética.

Quem sabe as famílias em Mumbai tratem o tema alimentação da maneira como a escola ensina um novo assunto. Primeiro, as crianças aprendem a história da comida indiana e depois são ensinadas a memorizar uma série de receitas e, em seguida, experimentar as refeições. Então, em algum momento, a pedagogia induz ao amor pela comida.

Claro que não é assim!

As pessoas em todo o mundo se alimentam de acordo com os padrões da comunidade e a forma como a cultura é assimilada no que fazem. Expectativas têm muito a dizer. Quando você não tem verdadeiramente uma escolha, a não ser crescer fazendo, comendo ou cantando algo, então você adere àquilo.

Se a cultura é suficiente para estabelecer o que comemos, como falamos e uma miríade de outras normas sociais, por que não é capaz de nos ensinar um processo para fazer arte? Não existe a possibilidade de a cultura normatizar o estabelecimento de metas, de paixões e curiosidades e a capacidade de persuadir?

Existe. Ela pode.

E não é preciso esperar que isso aconteça. Você é capaz de começar agora.

200. Conhecimento de Domínio: Você Fez a Leitura?

Não faz sentido comparecer a uma reunião de um grupo de leitura e opinar sobre um livro que você não leu.

Como também não faz sentido ir a um seminário de apresentação de trabalhos de doutorado e participar da discussão sem antes ler o material. E, claro, ninguém quer ser operado por um cirurgião que não leu os mais recentes artigos científicos sobre sua especialidade médica.

Um primeiro obstáculo: você sabe o que a leitura (sua leitura) deve incluir? O que consta na lista? Quanto mais profissional for sua área, maior a probabilidade de que as pessoas saibam o que está na lista.

Evidentemente, a leitura não se restringe a um livro ou artigo. Leitura é o nome que damos ao difícil trabalho de aprender a pensar o melhor, de se manter atualizado, de entender.

A leitura o expõe ao chamado "estado da arte". A leitura o ajuda a seguir uma linha direta de raciocínio, e concordar, ou melhor, discordar dela. A leitura exige esforço.

Se você não fez a leitura, como esperar ser tratado como um profissional?

Um podcaster me colocou uma questão, e eu lhe perguntei se tinha admiração pelo caminho que Krista Tippett havia seguido. Ele não fazia ideia.

Um colega estava me explicando seu trabalho em memética, e eu lhe perguntei sobre Dawkins e Blackmore. Você adivinhou. Ele não tinha feito a leitura.

Ou Kenji em alimentação, Cader na editoração, Underhill no varejo, Lewis em textos para mala direta, e por aí vai.

Não é preciso gostar do trabalho deles ou concordar com suas afirmações.

A linha que separa amadores de profissionais continua cada vez mais tênue, mas, para mim, a postura de compreender a ambos, pioneiros e quem está no estado da arte, é essencial.

Habilidades são conquistadas.

201. De Onde Vem o Bom Gosto?

Bom gosto é a capacidade de saber antecipadamente o que seu público ou seus clientes vão querer.

O bom gosto origina-se do conhecimento do domínio combinado com a coragem e experiência para saber onde se desviar do que é esperado.

Mude o curso tanto quanto bastar, observe o mercado e aprenda com isso. Essa é a fórmula do bom gosto.

Bom gosto significa que você compreende o gênero e seus benefícios ainda mais que os fãs.

Vale frisar que não existe só um mercado, mas muitos. Caso as pessoas a quem procura servir gostem daquilo que você pensa de que eles gostarão, então você tem bom gosto.

O caminho mais curto, acessível a quase ninguém, é simplesmente criar para si mesmo. Se aquilo de que você gosta e do que cliente gosta estão em permanente sincronia, você está em excelente forma… mas quase sempre, com o passar do tempo, eles se afastam, e assim terminamos com Liberace ou Lou Reed. Continua sendo um trabalho criativo; os clientes, porém, desaparecem.

202. Saber É um Atalho para a Habilidade

Brian Koppelman, o renomado roteirista e showrunner [o contratante e responsável pelas equipes técnica e artística de uma série de TV], assistiu mais filmes do que você. Ele talvez tenha assistido mais filmes do que qualquer pessoa que já conheci. E isso não é só um mero sinal de paixão. Sua compreensão do que está por vir é a base de sua capacidade de antevisão.

Enquanto crescia, eu lia todos os livros da seção de ficção científica da Biblioteca Pública de Clearfield. De Asimov a Zelazyny, não perdi um. Dez anos mais tarde, quando lancei uma linha de jogos de ficção científica para computador, o domínio do conhecimento me abriu as portas para a compreensão do que poderia dar certo.

A questão não é copiar, mas, sim, evitar copiar. O melhor trabalho comercial que fazemos faz as pessoas lembrarem do que já viram antes.

A criatividade não se repete, mas rima.

203. Por Sua Própria Natureza

Se você assistir a todos os 45 episódios de *Monty Python's Flying Circus* de uma vez (você pode: www.trustyourself.com/monty), notará imediatamente que a qualquer momento em qualquer episódio, tudo é claramente Monty Python. O mesmo se pode dizer dos filmes de Star Wars e dos livros de Harry Potter.

É a própria natureza deles. Há uma peculiaridade neles, específica e consistente.

Não se trata de duplicação ou repetição. Mas de rima. Em quase todos os quadros, nota-se a marca das impressões digitais (e idiossincrasias) de seus criadores.

Estamos sob pressão de curto prazo para remover todas as marcas de identificação. Na verdade, o trabalho que resiste ao teste do tempo e encontra seu público está repleto de marcas de identificação.

Rima consigo mesmo.

À Procura de Restrições

204. Restrições Criam a Possibilidade da Arte

É tentador se insurgir contra restrições. De que você não pode fazer um livro para o Kindle tão lindamente ilustrado quanto você gostaria, ou uma música eletrônica tão sofisticada como esperava. Há carência de tempo, não há bastante largura de banda ou dinheiro suficiente.

Sem restrições, porém, ficamos sem tensão e sem chance de inovação ou surpresa.

A PS Audio fabrica alguns dos melhores equipamentos estereofônicos do mundo. E quase todos eles pela metade do preço dos concorrentes. A razão disso é que seus produtos são projetados para produção em massa, e os componentes são escolhidos sob o crivo dos custos.

Sem essas restrições, seriam obrigados a competir com uma centena de outros designers cujos produtos de nicho não têm como objetivo o preço, sendo improvável que os recursos adicionados proporcionassem melhorias consideráveis em seus produtos.

Ao escolher suas restrições, a empresa consegue desenvolver uma abordagem coerente com o que fazer a seguir. As restrições são a base do trabalho deles.

A PRÁTICA

Todo trabalho criativo tem restrições, porque a criatividade se fundamenta no uso das restrições existentes a fim de encontrar novas soluções.

205. O Ícone dos Ícones

Deram a Susan Kare 1.024 quadriculados. Isso mesmo: uma simples grade de 32 × 32.

Com um papel quadriculado e um lápis, ela criou a "cara" do Mac e, com base em suas inovações, todos os dispositivos de computação utilizados nas últimas décadas. Saíram de suas mãos as primeiras fontes populares de bitmap, as imagens de pequenos ficheiros e as figuras de pincéis e rostos sorridentes que associamos ao uso de um dispositivo inteligente.

Alguém pode ter visto as restrições e reclamado sobre falta de cor ou resolução. Susan, em sua condição de profissional, notou os limites de 1.024 quadriculados e sorriu, porque sabia que limitações criam uma base para trabalhos importantes.

206. Onde Estão os Bandolins?

R.E.M. era uma banda indie das mais convincentes, mas nunca haviam tido uma música que estourasse nas paradas de sucesso. E após dez anos de estrada, caíram na rotina; e sabiam disso.

"Eu olhava minha guitarra com um pouco de tédio", disse Peter Buck para a *Rolling Stone*. "Toquei oito horas por dia a vida toda."

À PROCURA DE RESTRIÇÕES

Quando chegou a ocasião de gravar um novo álbum, a banda concordou em adotar uma nova série de restrições.

Primeiro, nada de turnês: suas apresentações ao vivo não chegaram a duas dezenas no ano que lançaram *Out of Time*. O baixista mudou para o teclado, o baterista foi para o baixo e o guitarrista Buck comandou com um bandolim, não com a guitarra.

"Com Peter não querendo tocar guitarra elétrica, começamos a compor de forma diferente", disse um dos componentes do grupo. "As músicas que você escreve para um acústico, bandolim, balalaica ou o que for, tendem a ser diferentes do que seria para uma guitarra elétrica. Decidimos que poderíamos escrever para instrumentos diferentes, em vez de nos forçar a escrever músicas com sons diferentes."

Remover as restrições teria sido fácil, porém, a tensão causada pelo desconforto produziu a energia procurada pela banda. O disco ficou mais de dois anos nas paradas.

207. Espaço de Manobra

Este livro seria melhor se fosse mais longo?

O criativo generoso pode, instintivamente, pedir uma extensão. Para insistir em mais cores, mais alavancagem, mais tempo. Para forçar os limites que nos cercam, pois, se ganhássemos um pouco que seja de espaço de manobra, seríamos capazes de fazer algo mágico.

E então a roteirista da rede de TV gostaria de estar na TV a cabo. E o showrunner da TV a cabo acredita que seria melhor se fizesse um filme. E o produtor do filme quer firmar um acordo para desenvolvimento de novos projetos.

Mas... alguns dos trabalhos mais relevantes acontecem ao vivo no teatro, em uma sala sem refilmagens de cenas, sem efeitos especiais e com um orçamento apertado.

E acontecem porque as restrições nos permitem criar arte.

A arte resolve problemas de uma maneira nova, e os problemas sempre têm restrições.

208. Você Não Pode Pensar Fora da Caixa

É escuro e frio fora da caixa. Mas, e nas bordas da caixa?

As bordas da caixa lhe dão uma vantagem. Quando você estiver lá, estará no lugar que atemorizou os que vieram antes de você. É a partir dali que você pode transformar a restrição em vantagem, em vez de uma desculpa.

209. Monty Python Encontrou um Cálice Sagrado

O programa de televisão original do Monty Python foi manietado por restrições. Era curto, tinha um orçamento minúsculo, não dispunha de nada mais que o elenco, foi filmado em preto e branco e praticamente não teve promoção. No entanto, o que a série tinha a seu favor eram, na verdade, as restrições.

Graças a expectativas tão baixas, elenco e escritores tiveram muito pouca supervisão. E justamente porque se esperava pouco, eles se saíram muito bem.

Deu-se a mesma coisa com seu filme de maior sucesso. Pequeno orçamento, cenários risíveis e o final parecia ter sido feito na sala de edição.

Você já percebeu que as comédias de grande orçamento quase nunca são engraçadas?

210. Susan Rothenberg Pintou Cavalos

Quase sempre, cavalos. Sem cenários deslumbrantes, nem sobre pedestais de mármores polido, simplesmente pinturas de cavalos.

David Sedaris, Ken Burns, Oprah — cada um deles é um mestre da restrição. Cada um elegeu um conjunto, um método ou um orçamento, e então adotou-o por inteiro.

Leve em consideração que durante seu apogeu, a PBS TV contava com Julia Child, Mr. Rogers, Bob Ross e *Vila Sésamo*. Todo o orçamento para todos os quatro icônicos programas não pagaria nem por um só programa de uma grande rede.

Encontrar as restrições e aceitá-las é um traço comum no trabalho de um criativo bem-sucedido.

211. Algumas Restrições Favoritas

Tempo

Dinheiro

Formato

Membros da equipe

Confiança do usuário

Materiais

Tecnologia

Regulamentações

Física

O status quo

Você provavelmente não tem escolha a não ser amenizar uma ou duas delas. Mas, e as outras? Continuarão lá, e você pode conviver com elas, confiando que servirão de impulso para sua criatividade.

Restrições e seu envolvimento com elas fazem parte da prática.

212. Mudar o Mundo Não Significa Mudar Tudo

Bill Putnam mudou o mundo da música popular gravada ao inventar o reverberador. Em 1947, ele colocou um microfone e um alto-falante em um banheiro e levou a canção "Peg O' My Heart" ao primeiro lugar na parada de sucessos.

Com a ousadia da criação da reverberação artificial, ele abriu as portas para muito do que ouvimos produzido atualmente nos estúdios de música. Ele não fez isso para ganhar fama (ele, de fato, não ficou famoso). Não fez isso para mudar tudo. Ele o fez porque aquela pequena parte daquela pequena área da indústria foi o lugar que escolheu para fazer a diferença.

A mudança que buscamos fazer pode realmente parecer diminuta, mas tudo reverbera.

Uma gravação, uma interação, uma pessoa... pode ser o bastante.

213. A Arrogância Mata os Sonhos

O mundo está repleto de pessoas extremamente confiantes. O excesso de confiança leva à negligência, à fraude e a descumprir promessas. Excesso de confiança é arrogância.

Ninguém quer ser operado por um cirurgião superconfiante, ou que o ônibus tenha atrás do volante um motorista superconfiante. Por definição, o excesso de confiança causa um comportamento de risco e leva a uma preparação inadequada.

Mas a prática requer que façamos nosso trabalho sem nos vincularmos ao resultado. Não se trata, aí, de excesso de confiança, mas de uma prática de experimentações que respeita as armadilhas da arrogância.

A PRÁTICA

Quase não há contraindicações em confiar muito em si mesmo.

Ao nos sentirmos assim, nos centramos no processo, não no resultado. O processo de realizar nosso trabalho e prestar atenção, sem exigir que ele aconteça. O processo de reparação e revisão. E o processo de cuidar o bastante para contribuir.

Confiar em si mesmo não gera excesso de confiança, porque sua atenção está toda voltada ao processo, não em prometer aquilo que não pode cumprir.

O excesso de confiança, na verdade, é um dos sintomas de que você pode não estar confiando em si mesmo ainda. Porque o excesso de confiança, como todas as formas de resistência, é uma das maneiras de se esconder. Não sabote o trabalho ignorando a prática. Confie em si mesmo para seguir adiante, mas busque a resiliência necessária para persistir enquanto a prática continua.

214. A Lua Está Coberta de Poeira?

E se está, quão profunda ela é?

Quando a NASA resolveu visitar a lua e retornar com segurança, a teoria da poeira lunar gerava enorme controvérsia. O professor Thomas Gold, da Universidade Cornell, havia afirmado que a superfície do satélite era inteiramente coberta por poeira fina, a uma profundidade desconhecida. Caso a superfície da lua não fosse sólida, poderia ser impossível pousar ou, pior ainda, decolar.

O excesso de confiança teria enviado a Apolo 11 à lua sem considerar a possibilidade de que o módulo lunar afundaria na poeira e os astronautas seriam incapazes de retornar. Um processo previdente e iterativo venceu. Foram enviadas missões não tripuladas à lua em meados da década de 1960, em parte para determinar a profundidade da poeira lunar.

E visando maior grau de segurança, cada perna do trem de pouso vertical do modulo lunar da Apolo 11 tinha 94cm, muito mais largas que as que seriam utilizadas se houvesse certeza sobre a densidade do solo. A prática refletiu a consciência dos riscos e trabalhou para reduzi-los.

A segunda coisa que Neil Armstrong disse enquanto caminhava pelo solo lunar foi: "E a superfície é fina e poeirenta. Posso levantá-la com a ponta do meu pé."

Armstrong confiou o suficiente em si mesmo e no processo para fazer algo lendário, porém, nunca confundiu a prática de sua missão com a garantia de que funcionaria perfeitamente.

215. Confie no Processo

Confiar em si mesmo não requer uma desvairada autoconfiança. Ter confiança em si mesmo tem pouco a ver com o resultado.

Em vez disso, podemos aprender a confiar no processo. É esse o ponto central da nossa prática. Podemos desenvolver um ponto de vista, aprender a ver as coisas com maior nitidez e entregar nosso trabalho (e entregá-lo de novo e de novo). Não o fazemos para vencer, mas para contribuir. E porque se trata de um ato de generosidade, não de egoísmo, podemos fazer por razões melhores.

A PRÁTICA

A prática é sua própria recompensa.

Confiar em si mesmo é produto do desejo de fazer a diferença, de fazer algo que importe.

Qualquer um que já aprendeu a andar, falar ou andar de bicicleta obteve essas habilidades sem garantia plena de que o esforço levaria a ter êxito em determinado dia. Somente o esforço está sob nosso controle. Os resultados não.

Ao procurar (e então adotar) uma prática que contribui com as pessoas de quem gostamos, podemos encontrar um rumo a seguir. Esse rumo pode ser um equívoco, mas podemos confiar em nós mesmos o suficiente para perseverar, nos apoiar nisso e aprender a fazer melhor.

A alternativa é corrosiva. Quando começamos a desconfiar de nosso próprio compromisso com a prática, nada mais nos resta a não ser o medo. Quando exigimos resultados como prova de nosso valor, somos fragilizados, nos tornando incapazes de persistir em face da inevitabilidade do fracasso de nossa maneira de contribuir.

Ninguém pode fazer um trabalho melhor em ser você do que você mesmo. E a melhor versão de você é aquela comprometida com um caminho a seguir.

O trabalho que você faz nunca será bom o suficiente (para todos).

Mas já é bom o suficiente (para alguém).

Comprometer-se com uma prática que faz com que nosso melhor seja melhor é tudo o que está ao nosso alcance.

216. Elementos da Prática

Ser criativo é uma escolha.

Evite a certeza.

Escolha você mesmo.

Resultados são um subproduto.

Postergue a gratificação.

Busque a alegria.

Entenda o gênero.

Abrace a generosidade.

Entregue o trabalho.

Aprenda com aquilo que entrega.

Evite garantias.

Ponha o medo para dançar.

Seja paranoico com a mediocridade.

Aprenda novas habilidades.

Gere mudanças.

Veja o mundo como ele é.

Obtenha clientes melhores.

Chefie o processo.

Confie em seu *eu*.

Repita.

217. Você Não É o Chefe, mas É o Responsável

Você é o responsável pelo modo como passa seu tempo. É o responsável pelas perguntas que faz. É o responsável pelos insights que produz.

Em uma organização horizontalizada poderosa, cada um de nós decide o que aprender a seguir, com quem falar a seguir e quais compromissos assumir.

Essa nova liberdade exige que encontremos hábitos que nos levarão a compartilhar nossas vozes, ainda que seja inconveniente ou assustador.

Sem confiança, escolheremos nos esconder, deixando escapar a oportunidade.

É preciso frisar: você é o responsável pela mudança que faz no mundo. Quem mais deveria ser? Quem mais poderia ser?

218. As Terças-feiras no Departamento de Antropologia

Em 1983, Chip Conley mudou minha vida.

Eu era um dos alunos mais novos da minha turma na escola de negócios, e as primeiras semanas foram bastante difíceis. Certo dia, encontrei uma pequena nota escrita à mão em minha caixa do correio. Era de Chip, a quem não conhecia. Ele convidou a mim e alguns outros alunos com histórico semelhante de empreendedorismo para formar um grupo de brainstorming que se reuniria semanalmente.

Ele reservou para nós uma sala de reuniões no departamento de antropologia, a alguns edifícios de distância. Por que lá? Porque, disse ele, a única razão pela qual estaríamos naquela sala seria para realizar nossas sessões. Seria uma maneira de associar a sala ao nosso processo.

Ao longo dos nove meses seguintes, nós cinco inventamos e configuramos mais de mil negócios. Nós nos envolvemos na prática porque não esperávamos um resultado. E logo se tornou um hábito entrar em um peculiar estado de espírito, já que, afinal, era para isso que a sala servia.

Chip acabou por se tornar um autor best-seller, professor e empreendedor. Foi naquela sala que a carreira dele e a minha realmente começaram.

Porque decidimos estar naquela sala e empreender aquela jornada.

219. Explore o Espaço

Se você está à procura daquele algo mais que está faltando, vale a pena ouvir o "fabuloso produtor musical" Bruce Dickinson. No famoso quadro do programa de TV *Saturday Night Live*, o personagem que satiriza Bruce [vocalista do Iron Maiden], na pele de

Christopher Walken, instrui os briguentos membros da banda de rock Blue Öyster Cult a "explorar o espaço".

Isso confunde muita gente. Que negócio é esse de explorar o espaço? Por que se preocupar com isso?

O que Bruce está colocando é a ideia de descobrir intencionalmente as franjas e os cantos do trabalho que você decidiu fazer.

Para ir para uma borda ou outra.

E, então, cruzar os limites, porque a única maneira de saber se realmente se trata de uma vantagem é ir além dos limites.

Como disse o artista George Ferrandi: "Se você tiver que perguntar 'eu deveria continuar?', a resposta é 'sim'".

A vida está em um fio,
o resto apenas espera

PAPA WALLENDA[1]

Você está em um fio?

(Ou está apenas esperando?)

---

1 Ou possivelmente Matt Damon ou Brian Koppelman e David Levien, dependendo a quem você pergunta.

De Onde Vêm as Ideias?

Ideias raramente vêm de assistir televisão.

Ideias às vezes surgem de ouvir uma palestra. Ideias com frequência surgem durante a leitura de um livro.

Boas ideias vêm de más ideias, mas apenas se houver um número suficiente delas.

Ideias têm aversão a salas de conferência, em especial aquelas em que há um histórico de críticas, ataques pessoais ou tédio.

Ideias ocorrem quando universos distintos se chocam.

Ideias geralmente se esforçam para atender às expectativas. Se as pessoas esperam por elas, elas aparecem.

Ideias têm receio dos especialistas, mas adoram a mente dos iniciantes. Um pouco de consciência é uma coisa boa.

Ideias vêm em jorros, de um modo que o faz ficar assustado. Willie Nelson compôs três de seus maiores sucessos em uma semana.

Ideias vêm de problemas.

DE ONDE VÊM AS IDEIAS?

Ideias vêm de nosso ego e dão o melhor de si quando são generosas e altruístas.

Ideias vêm da natureza.

Às vezes, as ideias vêm do medo, mas com frequência da confiança.

Ideias úteis vêm de estar acordado e alerta o suficiente para não deixar de notar.

Mas, às vezes, as ideias surgem quando estamos dormindo ou desligados demais para ter medo.

Ideias surgem em um relance, ou no chuveiro, quando não estamos tentando ter uma.

Ideias medíocres gostam de copiar o que está dando certo bem agora.

Ideias maiores superam as medíocres por larga distância.

Ideias declinam de passaportes, e muitas vezes cruzam fronteiras (de todas as espécies) impunemente.

Uma ideia vem de algum lugar, porque se ela simplesmente ficar onde está e não vier se juntar a nós aqui, está escondida. E ideias escondidas não são entregues, não exercem influência e não se conectam ao mercado. Morrem de solidão.

Caso Tivesse que Fazer Tudo de Novo Amanhã, Você o Faria?

Melhorar é possível. Mas não se continuarmos a nos instalar, a nos esconder e a trilhar os mesmos caminhos.

Temos mais coisas a fazer.

Precisamos de sua contribuição. Porém, isso não poderá e não irá acontecer se não conseguirmos descobrir como confiar em nós mesmos o suficiente para fazer o trabalho.

Insaciável

Você está pronto para começar.

O que acontece agora?

Há um longo tempo as pessoas lhe têm dito que a papelada não estava certa, que você não foi escolhido, que não era bom o bastante.

E agora, talvez, você se dá conta de que tudo depende de você. Na verdade, depende de cada um de nós.

Onde está o combustível para nos manter em marcha?

A raiva o leva até certa altura, e então o derruba. O ciúme pode ajudá-lo a começar, mas esmaecerá. A ganância parecerá uma boa ideia até você perceber que ela lhe tira toda a alegria.

O caminho a ser seguido envolve curiosidade, generosidade e conexão. Os três elementos da arte. Arte é uma ferramenta que nos dá a capacidade de fazer com que as coisas sejam melhores e de produzir algo novo em prol daqueles que se valerão delas para criar coisas novas. A conexão humana tem um caráter exponencial: ela se expande à medida que a criamos, tecendo cultura e possibilidades onde antes não havia nada.

Tudo o que você precisa para fazer magia está à mão. Sempre esteve.

Vá lá e faça um barulho daqueles.

A mágica é que não existe mágica.

Comece onde você está.

Não pare.

Agradecimentos

A inspiração para este livro veio de você — de qualquer pessoa que tenha se importado o suficiente para se dedicar ao trabalho e tornar as coisas melhores.

Minhas cinco conversas no *The Moment* com Brian Koppelman (bem como minha atenta escuta de suas cem melhores entrevistas) tiveram enorme impacto em como costurei as ideias para este livro. Brian se ocupa com a questão da origem da magia.

A escrita, a amizade e o apoio de Margo Aaron, Gabe Anderson e Eliot Peper não têm preço. Espero que você tenha a chance de ler todos os três. E, claro, Steven Pressfield, pai relutante da Resistência.

Patricia Barber, Cyrille Aimée, Christian McBride, Sarah Jones, Jodi Spangler, Susan Kare, Peter Gabriel, Rosanne Cash, Simon Sinek, Will Guidara, Christina Tosi, Ann Marie Scichili e tantos outros que conversaram comigo, modelaram o comportamento e generosamente abriram as portas para inúmeros seguidores.

AGRADECIMENTOS

Obrigado a Helene, Alex e Mo, que leram os primeiros esboços e, claro, por tudo o mais. E um obrigado especial a Niki Papadopoulos, que traz a magia, e a Adrian Zackheim, que elevou o nível. Meus agradecimentos a Tami Simon, Liz Gilbert, Pema Chödrön, Zig Ziglar, Lewis Hyde, Kevin Kelly, Patti Smith, Paul Jun, Roz e Ben Zander, Susan Piver, Jim Ziolkowski, Anthony Iannarino, Shawn Askinosie, Nancy Lublin, Pam Slim, Tobi Lütke, Fiona McKean, Harley e Lindsay Finkelstein, Liz Jackson, Scott Page, Bob Dorf, Tom Peters, Sarah Kay, Amy Koppelman, Danny Meyer, Nicole Walters e tantos outros que modificaram meu modo de pensar e cujas ideias podem ser encontradas neste livro. E um muito obrigado a John Acker e Beena Kamlani pelo trabalho profissional e generoso no prazo, e por mais alguma coisa. Agradeço também a Kimberly Meilun por sua graciosa e serena argumentação manuscrita.

Sou grato à equipe da Akimbo, incluindo Alex, Sam, Marie, Taylor, Grayden, Ishita, Meg, Czar, Avraham, Dean, Kristin, Scott, Louise, Pete, Travis, Francoise, Imogen, Colin, Jaime e vários outros coaches e alunos.

Bernadette Jiwa e Alex DiPalma foram modelos, coconspiradores, sempre causando agitação. É um privilégio conhecê-los.

Obrigado a Anne Shepherd por vinte anos e vinte livros, e tudo o mais. Difícil imaginar essa jornada sem seu apoio consistente e incansável. Nunca havia dedicado um livro a você antes, e é um privilégio fazê-lo agora.

AGRADECIMENTOS

Agradeço também às muitas pessoas que participaram da primeira sessão do *The Creative's Workshop*. Vocês contribuíram com mais de 500 mil ideias viáveis, todas a serviço da entrega deste trabalho.

Outras obras de Seth Godin

What to Do When It's Your Turn

The Icarus Deception

V is for Vulnerable

Linchpin

Tribos

O Melhor do Mundo

Free Prize Inside

Purple Cow

Isso É Marketing

Encontre-as todas em sethgodin.com e visite altMBA.com e TheMarketingSeminar.com [conteúdo em inglês].

Conheça também

Outras obras de Seth Godin

What to Do When It's Your Turn

The Icarus Deception

V is for Vulnerable

Linchpin

Free Prize Inside

Purple Cow

Encontre-as todas em sethgodin.com e visite altMBA.com e TheMarketingSeminar.com [conteúdo em inglês].

Este livro foi impresso nas oficinas gráficas da Editora Vozes Ltda.,
Rua Frei Luís, 100 – Petrópolis, RJ.